장애 다시 읽기

장애학과 특수교육학의 만남

전 선 옥

통합이나 융복합이라는 화두가 모든 사람들에게 친숙하기까지 한 과제로 여겨지는 시대에 우리는 살고 있다. 분화해가기만 할 것 같았던 학문 분야에 자연스러운 통합의 움직임이 일어나고, 사회 전반적으로도 통합의 가치가 그 어느 때보다 높아진 시대이다. 내가 근무하는 대학에서도 최근에 '이종 학문간 융합 교과목 개발 공모 안내'가 나온 걸 본 적이 있다. 순간 격세지감이 느껴졌다는 것이 솔직한 심정이다. 전공 분야 중에서도 세부 전공이 무엇인가를 따져가며 전공 일치 여부를 문제 삼던 시절이 엊그제인 것 같은데 말이다. 그리 길지 않은 인생을 살면서도 가치의 지향점이 많이 달라져온 '역사'를 실감하지 않을 수 없다.

이러한 시점에, 유사하면서도 조금은 다른 두 학문 간의 거리를 좁혀보는 학문적 작업을 시도해본다는 것에 기쁨과 자부심을 느낀다. 물론 두 분야는 서로 상호보완적인 위치에 있으면서 서로의 발전을 상승시키는 입장이기는 하다. 그러면서도 특수교육학은 사회과학적 성격이 좀더 강하게 나타나고, 장애학은 인문학적 기반 위에서 더욱 공고해지는 특성을 지님으로써, 본질적인 상이점을 드러 낸다고 볼 수 있다. 자연과학이나 사회과학이 인문학적 토대 위에 서 정체성을 강화해가려는 움직임이 나타나는 것도 작금의 전반적 인 추세 중의 하나인 것이 사실이다. 인간과 유리된 채 권위를 강요 하는 학문이라면 인간세계에서 공헌할 수 있는 일이 거의 없을테니 이 또한 충분히 수긍이 되는 일이다.

특수교육학과 장애학 분야에서 그동안 연구해온 내용들을 기반 으로 정리하고 보완하여 한 권의 책으로 엮어보았다. 이 연구가 특 수교육학 연구에서 개인적으로 늘 아쉽게 생각했던 기능주의적 편 향성의 경향을 완화해주고, 훌륭한 이론적 기반을 지닌 장애학이 소수자들의 연구 영역으로만 남지 않고 보다 현실적인 특수교육학 이라는 분야와 이상적으로 만남으로써 보다 실효적인 공헌을 할 수 있도록 일조한다면, 더할 나위 없는 보람이 되리라는 기대를 안고 있다.

2019년 10월
저자 씀

목차

I

해체와 통섭

시대정신의 변화

장애 다시 읽기

장애학과 특수교육학의 만남

1. 경계의 해체

　요즘 인기 있는 아이돌의 음악을 즐기는 우리나라의 젊은이들에게서는 혹시라도 자신이 저급한 문화에 심취해 있을지 모른다는 일말의 자책감 같은 것은 전혀 찾아보기 어렵다. 그러나 같은 시대를 살고 있는 현재 한국의 장·노년층의 경우에는 이야기가 조금 다르다. 이메일이나 SNS가 아닌 손편지를 쓰며 사랑과 우정을 나누었던 그들의 학창시절은 연인이나 친구에게 편지를 쓰면서 유행어로 손쉽게 의미와 감정을 전달한다거나 유행가 가사를 인용하는 일 등은 선뜻 내켜하지 않던 시절이었다. 대중문화에 편승하여 전달되면 자신의 감정마저도 어쩐지 저급하게 폄하될 것 같은 일말의 우려에서 자유롭지 못했던 것이다. 소위 고급문화와 대중문화를 우열의 개념으로 가르던 경계가 해체된 시대에 살고 있는 요즘 젊은이들이 들으면 고개를 갸우뚱할 일이 아닐 수 없다.

21세기를 살고 있는 우리가 자연스럽게 공유하며 지향하고 있는 시대정신은 전통적인 이분법적 사고를 인정하지 않으려 한다. 플라톤 이래 절대적 진리를 상정한 서구 형이상학의 전통에서는 유럽 / 비유럽, 이성 / 비이성, 남성 / 여성 등의 무수한 이원구조가 만들어져 왔다. 근대를 거치고 나서야 이는 구조주의 철학의 공격 대상이 되었고, 후기 구조주의에 이르러서는 구조주의 또한 공격의 대상이 되어, 현대의 철학은 이원적 구조를 생성해온 서구 철학의 전통적 사유방식을 극복하고자 노력하고 있다.

포스트모더니즘으로 대변되는 작금의 시대정신은 서구 철학의 근저에 자리 잡고 있던 본질 / 현상의 이항대립에 문제를 제기한다. 그동안 서구 철학에서 본질은 현상에 비해 우선적이며 우월한 것이고, 현상은 그 본질에서 파생된 부차적인 것에 지나지 않는 것이었다. 역사적으로 백인 / 비백인, 남성 / 여성, 이성 / 비이성, 중심 / 주변 등의 전통적인 이항대립으로 이루어진 용어들에서 전자의 용어는 언제나 특권을 누려왔다. 그러나 우리가 살고 있는 오늘날의 시대정신은 이러한 대립 항의 경계를 해체함으로써 후자 항의 역전과 대체를 요구하고 있다.

포스트모더니즘 초기에 등장하는 '해체'라는 개념의 특징은 Jacques Derrida의 철학에서 잘 나타난다. Derrida는 플라톤 이래 지속되어온 서구 형이상학의 특징적 경향을 '로고스 중심주의(logocentrism)', 즉 말이나 이성적 진리를 중심으로 이루어진 체계라고 칭하고, 절대적 진리를 전제로 현란한 논의만 오가는 서양 철학의 전통을 비판하며 이의 해체를 주장하였다. 그의 주장에 의하면, 로고스 중심주의는 어떤 절대적인 진리를 중심으로 기준을 쌓아올린 것인데, 그러한 중심이나 절대적인 진리라는 것이 사실상 그와 반대되는 것들을 축출해 냄으로써 만들어진 허구에 불과하다는 것이다.

이와 같은 사례는 '이성'에 대한 Michel Foucault의 지적에서 또한 잘 설명되고 있다. Foucault에 따르면, 이성은 정상과 비정상을 구분하고 비정상을 광기로 몰아붙여서 만들어낸, 즉 반대 세력을 억압해서 만들어낸 허구에 불과하다는 것이다. Foucault는 『광기의 역사』에서, 이성 자체가 진리가 아니라 자신의 진리성을 정당화하기 위해 자신의 타자(他者, other)인 광기를 얼마나 억압해왔는지 설파한 바 있다. Foucault는 Derrida와 함께 포스트모더니즘의 사상적 기초를 제공한 프랑스의 후기구조주의 철학자로서 20세기 말엽에 미국과 유럽을 중심으로 '푸코 신드롬'을 일으킨 바 있다.

'로고스 중심주의'라는 Derrida의 용어에서 '로고스'는 말을 의미하는 것인데, 서구 형이상학에서 드러나는 글에 대한 말의 우위를 비판하고자 Derrida가 사용한 것이다. 플라톤에 따르면, 말이란 그 발화자로부터 동시에 나오는 생생하고 직접적인 것임에 반해, 글은 기호로 각인되어 발화자로부터 독립되어 나오므로, 글은 그 의미가 원저자의 의도에서 떨어져 나와 자율성과 독립성을 갖는다. 즉, 말은 화자의 현전(現前: presence: logos) 속에서 나오는 직접적인 목소리임에 반해, 글의 의미는 다른 것과의 비교나 해석을 통해 전달될 수 있는 것이다. 이렇게 말이 스스로 현전하는 것이라면, 글은 항상 타자의 흔적 속에서 자신을 드러내는 것이다. '현전의 개념에 그 중심을 두고 재현되는 서구 사상의 경향', 즉 현전의 형이상학은 자기동일적이고 자기현전적인 순수한 기원을 추구하는 가운데, 한편으로는 불가피하게 그와 다른 차이를 배제하고 억압해온 사실에 주목하면서, Derrida는 동일성, 본질, 현전에 대비되는 차이, 현상, 부재라는 타자를 해방시키고자 한다. 그는 형이상학적 사유에 빠지도록 만드는 물질 / 정신, 주관 / 객관, 허위 / 진리, 육체 / 정신, 텍스트 / 의미, 내면 / 외면, 표상 / 현전, 현상 / 본질 등과 같은 이분법적 대립을 버리도록 제안한다.

포스트모더니즘의 해체가 주창되기 이전의 인식 패러다임에서, 정상인(비장애인) / 비정상인(장애인), 백인 / 유색인종, 남성 / 여성, 서양 / 동양 등의 이분법적 대립항들은 주체와 객체, 그리고 중심(center)과 주변부(margin)를 가르는 최대 변수였다. 하나의 논리가 서기 위해 반대 논리가 억압되는 서구 합리주의 역사에 대해, Derrida는 어떻게 말하기가 글쓰기를 억압했고, 이성이 감성을, 백인이 흑인을, 남성이 여성을 억압했는지 이분법을 해체시켜 보여 주었다.

해체론을 제기하며 포스트모더니즘 논쟁의 촉발에 크게 기여한 Derrida(1972)는 그간의 습관적 사고를 문제화하는 작업을 벌여야 한다는 차원에서 상식적인 경험주의적 담론의 맹점을 파헤치도록 주도하였다. Derrida의 해체주의 전략은 총체주의적 사고에 대한 해체의 전략으로서, 해체란 중심을 허물어뜨리는 것, 즉 해체란 어떠한 중심도 없고, 중심이 있다 하더라도 그것은 고정된 위치가 아니라 무한한 기호의 대치만이 적용되는 일종의 비위치만 있는 상태를 가리킨다고 보았다. 그는 중심화하는 현전의 개념이 결코 있는 그대로를 드러내는 것이 아니라고 주장하며, 원래의 현전이라고 하는 지배적인 범주가 그 자신의 부재 또는 그것의 보충물 이외에 아무것도 아니라는 것을 보여주고자 한다. 그리고 모든 근원적 현전의 개념에 대한 탈중심화를 시도하며, 나아가 전통적 의미의 개념 자체를 해체하고자 한다.

따라서 그의 철학은 전통적인 철학의 담론에서 무시되어 왔던 영역으로 눈을 돌리게 된다. 이성의 부작용인 경직되고 획일화된 사고에 반대하고, 그동안 이성에 밀려 무시되어 왔던 감성, 비주류, 여성, 아이, 유색인 등의 요소를 재조명하자는 것이다. Foucault도 '지식의 견고한 축적'이나 '이성의 점진적 진보'라는 전통적인 역사 이해 방식, 즉 역사주의를 거부한다. 대신 그는 집착에 가까울 정도로 '권력'과 '권력의 폭력'에 천착한 집요한 탐구를 통해 새로운 시각으로 역사를 재구성했다는 평가를 받고 있다. Foucault는 '감옥', '공장', '학교', '정신병원' 같은 특정한 장소에서, 특정 부류의 인간을 프리즘으로 삼아, 인간에 대한 지식이 생산되는 방식을 추적한다. 또한 그렇게 생산된 인간학적 지식과 그것이 생성된 장소, 그 안에 있는 사람들의 유형, 그들을 둘러싼 권력 장치와 맺는 상호 작용에 초점을 맞춘다. 후기구조주의, 포스트모더니즘, 해체주의 등 20세기 후반에 등장한 일련의 상대주의적 지적 풍토를 다소 회의적으로 보는 시선도 있지만, 대체로 Foucault에 대해서만큼은 예외다. 그의 이름은 이미 현대 사상사의 한 페이지를 장식하고 있으며, 국내 인문·사회과학계에서도 인용 빈도 최상위권 학자이기도 하다.

Derrida가 현대를 대표하는 지성의 반열에 올랐다는 명백한 사실에도 불구하고, 사실 Derrida 자신은 그의 저술이 권위적인 지혜를 포함하고 있음을 '열렬히' 부정했다고 한다(이종인, 19). 현재의 제도화된 지식을 합법화시키는 일부 사상과 신념에 문제를 제기함으로써 사실상 문화 전파의 정치학을 암묵적으로 내포하고 있는 전통적인 철학적 텍스트를 해체한 그로서는 당연한 주장으로 이해할 수 있다. C. Norris(1987)가 적절히 지적했듯이, Derrida의 주요 관심사 중 하나는 '철학'이 자율적인 학문으로서 초시간적이고 자명한 진리를 추구한다는 학문의 고정된 영역 표시를 분쇄하려는 것이다. 그는 그의 저술이 의식적으로나 전략적으로 당대의 주도적인 철학적 관심사의 주변부를 겨냥한다는 사실을 부인하지 않았다. 이와 관련하여 Derrida(1982: 44-45)는 다음과 같이 말한다.

해체는 철학적 내용, 주제 혹은 명제, 철학소(哲學素, philosophemes), 시, 신학소(神學素, theologemes) 혹은 사상소(思想素, ideologemes)의 문제가 아니다. 오히려 의미 있는 준거틀, 제도적 구조, 교육적 혹은 수사학적 규범, 법·권위·표현 같은 각 분야에서의 가능성을 다루는 것이다.

Derrida는 알제리의 수도 알제의 외곽에 있는 엘비아에서 토착화된 유대인 중산층 가정의 아들로 태어나, 어린 시절 인종박해와 폭력 때문에 극단적인 소외감도 경험하였다고 한다. 그는 이러한 자신의 '개인적 배경'에 관한 통상적인 얘기를 하기 싫어했다고 하나, 그가 문화의 주변부에 속한다는 사실은 그의 성격과 사상에 어느 정도 영향을 미쳤을 것으로 이해할 수는 있다.

　중심과 주변의 경계를 해체하고 비중심(non-centre)적인 것을 긍정하는 Derrida의 이론에서는, 무한한 기호의 작용을 통해 무한한 연쇄 고리 속에 있는 어떤 것을 다른 것이 계속해서 대신하게 된다. 이것은 현전으로서 회복될 수 있는 중심과는 다른 것으로, 의미는 본래의 현전을 제공해주거나 표상하지 않으며 현전의 개념 자체가 바로 의미 작용의 결과물이 된다. Derrida의 입장에서 기표(記表: signifiant)는 언어 이외에는 결코 자리 잡을 수 없는 기의(記意: signifié)[1]에 대한 은유로

1　Derrida의 해체이론을 이해하기 위해, Saussure와 그 이전의 언어 이론으로 거슬러 올라갈 필요가 있다. 19세기의 어문학자들은 언어가 세상의 구조를 반영한다고 보고, 언어는 하나의 사물과 일대일의 대응관계를 가진다고 하였다. 그러나 Saussure는 언어와 사물의 일대일 대응관계를 부정하고, 언어는 기표와 기의의 두 부분으로 이루어진 기호라고 주장하였다. 그는 기호가 세상의 지시물을 재현한 것이 아니라 인간의 마음 속에 있는 개념을 재현한 것이라고 보고, 기표와 기의의 관계는 필연이 아닌 자의적이고 관습적인 것이라고 보았다. 그러면서도 그는 기표와 기의의 관계가 일단 확정되고 나면 그것은 안정된 구조를 지닌다고 보아, 명명행위는 자의적이지만 일단 명명되고 나면 그것은 사회적 인습으로 통용된다고 보았다.
　그러나 Derrida로 오면, Saussure에서 더 나아가, 기표는 거울이 상(image)을 비추듯이 직접적으로 기의를 드러내는 것이 아니다. 기표와 기의는 계속해서 분리 될 뿐 아니라 새로운 조합을 형성해나간다. 의미는 하나로 고정될 수 있는 성질의 것이 아니며, 언어의 어떤 기본 단위도 절대적으로 정의될 수가 없다. 따라서 기표와 기의가 종이의 양면처럼 연관되어 있다고 생각한 Saussure의 기호모델은 적절하지 못하다고 본다. Derrida가 1966년 존스 홉킨스 대학의 한 심포지움에서 발표한 「구조, 기호, 그리고 인

작용한다고 주장한다. 그래서 기의 그 자체는 다른 기표에 대한 언급 또는 연기하는 것으로 기표가 될 수 있다.

기호는 그 자체로는 아무런 의미를 갖지 않고, 특정 언어에서 벌어지는 대조와 차이의 체계적 그물망 속에서 차지하는 차별적 지위 때문에 의미를 갖게 된다는 것이 현대 구조주의 언어학의 주요 교훈이다. 예를 들어 '갈색'이라는 단어는 그 자체로 갈색을 의미하는 것이 아니라, 빨강·검정·파랑 등과 대조 및 차이를 이루기 때문에 비로소 갈색이라는 의미를 갖게 된다는 것이다.

그런데 이러한 교훈이 Derrida의 설명 속에서는 좀더 복잡해진다. 왜냐하면 의미는 언어 속에서 정확하게 현존하는 것이 아니라 일종의 의미적 미끄러짐(혹은 연기: 延期)에 처해지기 때문에, 그(의미) 안에 완전하고 잔여 없는 (의미)확보의 순간을 간직하지 못하기 때문이다. Derrida는 'differance(차연: 差延)'라는 신조어를 통해, 의미가 '차별적'이며 동시에 '연기된다'는 점을 강조하면서, 의미가 자유롭게 놀이를 하기 때문에 개념 정의를 분명히 할 수 없는 상황을 차연(difference)이라고 칭하였다. Derrida의 차연은 의미가 현재 상태로 고정된 것이 아니고 의미화 사슬 속에서 몇 가지 표시로서 기능하면서 언어와 표현의 고전적 경제학을 초월하고 또 교란시키는 상황을 일컫는 것이다.

그런데 우리가 기존의 제도를 비판하는 것은 우리가 물려받은 언어 안에서만 가능한 일이다. 그리고 언어라는 것은 전통적인 개념

문학 언술」이라는 논문은 새로운 비평 운동을 일으키며, 플라톤 이래 견고한 흐름으로 존재해 온 서양철학의 중심을 허무는 단초를 제공하였다.

과 범주에 의해 미리 작업되어 있는 그런 담론인 것이다. 이러한 상황에서 우리에게 필요한 작업은 내적인 거리를 유지하고 '낯설게 하기'의 효과를 높여서 이들 개념이 일상적인 사고의 습관으로 전락하지 않도록 예방하는 것이다(이종인, 22).

이러한 데리다의 철학을 장애 담론에 접목시켜 생각해보는 것은 '장애' 관련 연구자들에게는 너무나 자연스럽고 당연한 일이 된다. 현대를 살아가는 우리는 '장애'라는 말이 지니는 전통적인 고정관념으로부터 내적인 거리를 유지하고 '낯설게 하기'의 효과를 높여서 이 개념이 일상적인 사고의 습관으로 전락하지 않도록 예방할 필요가 있는 것이다.

현대 특수교육이 지향하는 완전통합교육과 나아가 전 장애인의 사회적 통합을 구현하기 위해서는, 특수교육과 장애인 복지 분야 관계자들만의 담론이 아닌, 모든 영역의 사회 구성원들이 공감하고 동참할 수 있는 장애 담론의 확장이 절실히 요구되는 시점에 와 있다. 장애라는 기표에 대한 기의가 시대정신의 변천과 함께 불가피하게 역사·문화적인 변화를 거듭하고 있는데도, 장애 담론이 특정 (학문)분야 내의 한정적 담론으로 머무는 현상은 모순이 아닐 수 없다.

바로 이러한 통찰 위에서 최근에는 새로운 세기의 전개에 발맞추어 학문 분야의 활발한 재편과 함께 장애 관련 연구에서도 괄목할 만한 변화들이 나타나고 있다. 우선 장애 관련 연구 분야의 다변화가 가시화되고 있고 연구의 관점도 달라지고 있다. 새로운 시대정신은 자연스럽게 새로운 가치를 지향하고 있는 것이다.

2. 시대정신의 변화에 따른 연구의 다변화

시대정신이라는 용어는 지적·정치적·사회적·문화적 측면을 두루 아우르며 한 시대를 전반적으로 풍미하는 정신적 경향을 칭하는 의미로 우리가 일반적으로 사용하고 있다. 시대정신을 말할 때 흔히 독일어 'Zeitgeist'라는 단어를 함께 소개하곤 하는데, 이는 독일의 J. G. Herder가 1769년에 처음 사용한 이후 18세기 후반부터 19세기에 걸쳐 독일을 중심으로 많이 사용되었던 데서 연유한 것으로 보인다. Herder는 민족적인 정신문화에 깊은 관심을 가지고, 인류사를 인간 정신의 완성으로 향하는 보편적 역사로 파악하는 생각을 제시하였다. 여기서 나아가 G. W. F. 헤겔은 개인의 정신을 넘어선 보편적 정신세계가 역사 속에서 전개되어가는 각각의 과정에서 취하는 형태가 바로 시대정신이라고 보았다. 이후에도 여러 학자들에 의해 그 의미가 확장되고 보강되면서, 보편적인 인간 정신이 특수한 역사적 현실과 함께 꾸준히 진보하는 과정에 각 시대의 총체적인 정신문화를 나타내는 시대정신이 존재한다고 보는 견해가 확립되었다. 이와 같은 생각은 19세기 이후 사회과학 등의 다양한 신생 학문분야들로도 확산 적용되면서, 시대정신은 한 시대의 특징적인 가치와 이념을 아울러 칭하는 중요한 용어로 자리 잡게 되었다(wikipedia 참조).

포스트모더니즘으로 대변되는 작금의 시대정신은 탈산업사회에 충만한 다양성과 차이를 그대로 수용하면서 학문 연구의 동향에도 반영되고 있다. 현재 우리가 목도하고 있는 특수교육학 연구의 다중 패러다임과 장애학(Disability Studies)이나 교육인류학 등 학제적 학문 분야의 신생과 정립 등 다양하게 나타나고 있는 연구방법의 변화들도 본질적으로 시대정신의 흐름과 맥을 같이 하고 있다. 그동안 서구 세계를 중심으로 지속적으로 이루어져온 학문 분야의 세분화는 진리 자체의 장벽으로 인한 것이 아닌 인위적인 방법론에 불과한 것이었음을 발견하게 된 것이다.

보다 거시적인 진리에 근접하고자 해체하고 통합하려는 새로운 노력은 그간의 특수교육학 연구를 삶 속에 전이시켜 전사회적인 삶의 질을 제고하는 데 기여할 수 있는 새로운 연구의 시도를 지향하고 있다. 나아가 다각적인 장애 담론의 확산과 활성화를 통해 학문 분야 간의 경계를 낮추고 폭넓은 분야를 아우르는 통섭적 연구가 활발히 일어나고 있다. 김병하(2003: 1)는 특수교육 분야에서 연구의 방법과 형식이 훨씬 개방적으로 열려 있어야 한다고 주장하면서 다음과 같이 밝힌 바 있다.

특수교육학은 학문의 족보상 분명 인문사회학문에 속한다. 실험적 · 기술적 연구방법 이외에 문화기술적, 역사 · 철학적, 포스트 모던적 글쓰기의 형식과 방법에도 지적 관심사를 넓혀가야 한다. 최근 '장애'의 문제를 보는 패러다임이 개인적 · 심리적 · 의학적 관점에서 사회적 · 문화적 · 정치적 관점으로 이행하고 있음을 잘 해독해봐야 한다. 렌즈를 바꿔 끼고 세상을 보고 해석하기 위해서는 그에 상응하는 글쓰기의 방법과 형식이 실현되어야 한다.

근본적으로 인간을 대상으로 한 연구이자 실천인 특수교육(학)은 인간중심의 인본주의적 토대를 벗어나서는 논의하기 어려우며, 통합된 복지사회의 실현으로 가는 과정에서 문화적 인프라로서의 장애 담론의 활성화는 (학문)분야 간의 경계 허물기를 전제로 하는 것이다.

기존의 경계를 벗어나 다양한 학문 분야의 다양한 접근을 포괄하는 형태로 장애학이 태동한 것도 시대적 요구의 한 소산이라 할 수 있다. 20세기 말엽부터 본격적으로 부상하기 시작한 장애학의 연구 열기가 확산되면서 장애의 재개념화도 화두로 부각되었다. 장애학은 장애와 비장애를 이분법적으로 경계 짓는 사회적 구성에 주목하면서, 장애인을 억압하는 정치・경제・사회・문화적 차원의 각종 기제를 분석한다.

Foucault가 정신장애, 즉 광기에 관해 설파한 내용이 본인의 의지와는 관계없이 장애학 연구에 중요한 기초가 되고 있는 것도 이러한 맥락에서이다. Foucault에 따르면 정신장애는 계몽주의 시대 이후에 만들어진 개념이다. 계몽주의 등장 이전에 광기는 이성을 넘어선 영역 정도로 인식되었으나, 합리주의의 대두와 함께 광기는 이성의 대립적 의미로 인식되고 비정상으로 설정되어 사회로부터 배척당하게 되었다는 것이다. Foucault는 광기의 진정한 실체가 무엇이냐를 논하기에 앞서, 그것이 이성에 의해 '만들어진 광기'임을 고발한 것이다. 특수교육학이나 사회복지학 등이 장애의 사후적 대처에 주로 집중한다면, 장애학은 장애에 관한 보다 본질적인 문제로부터 출발하여 여러 학문 영역을 넘나들며 연구의 폭을 넓히고 있다고 할 수 있다.

또한 근래에 교육인류학 연구에서는 문학이나 영화 등의 미디어 텍스트를 분석하고 재해석하는 방식으로 교육학적 개념을 도출하는 연구가 많이 발표되고 있다. 이러한 연구들도 인문학적 접근법으로 교육학에 다가가는 새로운 시도들의 예라고 할 수 있다.

개인으로서의 인간이 사회적 존재이듯이, 장애의 개념화에 있어서도 사회적 측면과 인간 중심의 의미를 동시에 조명해 볼 필요가 있다는 것은 당연한 사실이다. 최근에는 장애 담론이 활성화되고 다변화면서 역사와 문화 속에서 장애(인)의 이미지 형성과 해석에 대한 인문학적 탐구(예: Davis, 1997; Mitchell & Snyder, 1997, 2000; 박승희, 2003 재인용)도 두각을 나타내고 있다.

이러한 연구를 주도하는 대표적인 학자들인 Ingstad와 Whyte(1995)는 장애 개념은 반드시 문화적 맥락에서 이해되어야 한다고 주장하며, 장애로 인한 불이익은 문화적 상대주의에 기초하여 적절한 문화적 맥락 안에서 이해되어야 한다고 지적한다. 장애에 대한 기존의 의료적·사회적 접근법과는 별개로, 장애에 대한 인문학적 접근을 통해 장애를 새롭게 정의함으로써, 인간 이해에 대한 새로운 지평을 열게 되는 것이다. 박승희(2003)도 장애를 통하여 문학, 미디어, 이미지 등의 문화적 텍스트들을 연구하는 것이 인간의 정의를 보다 깊이 있게 탐색하는 데 기여한다고 지적한다.

문학 등 예술 작품의 장애 재현에서는, 사실상 장애 담론(Disability

Discourse)을 통해 장애인의 사회적 정체성을 보여준다. 예술의 심층적 전달 작용은 심리적 영향력과 파장이 대단히 크다는 특징이 있는데, 특히 연극처럼 관객에게 직접적인 전달 방식으로 호소하는 예술 장르에서는 문화 미디어와 관객이 보다 긴밀히 상호작용하게 된다. 대체로 사람들은 복잡한 정서나 심리의 핵심을 파악하는 데 익숙하지 못하지만, 연극에서는 관객의 입장에 선다거나 거울 기법 등을 통해 상징적 거리가 제공된 상태이기 때문에, 자기기만으로부터 어느 정도 자유로워질 수 있고, 아울러 문제 상황에 대한 태도나 인식의 향상을 기할 수도 있다. 잠재의식 속에서 부지불식간에 작동하고 있는 인식이 내포하고 있는 주제들에 대해 보다 정교하게 변별하도록 도전하게 되는 것이다.

이렇게 문화적 산물을 대상으로 한 거시적 접근을 통해 장애의 개념을 재고해보고, 인간에 대한 보다 본질적인 이해와 애정을 바탕으로 장애인의 정체성과 사회 통합을 위한 실천적 방법론을 탐색해보는 것은 이 시대에 의미 있는 연구이다. 장애 담론의 다각적인 활성화를 통해 새롭게 열린 시각으로 장애의 개념이 재조명됨으로써 통합사회 구현을 위한 인식의 기반이 공고해질 수 있다.

이렇게 현대의 장애 관련 연구는 전반적인 시대정신의 변화와 함께 이상적인 통합사회를 지향하며 괄목할 만한 발전을 이루어가고 있다. 그렇지만 한편으로 이러한 연구가 전사회적 현실로 일반화되기 위한 문화적 인프라는 여전히 취약한 측면이 있다. 포스트모던한 문화 담론의 맥락에서 장애 다시 읽기를 시도하는 움직임이 일어나는 현상의 의미를 여기서 찾을 수 있다.

인종, 젠더(gender), 문화권 등과 더불어, 장애의 여부가 개인의 정체성 형성에 일차적으로 기여하는 요인이 되어왔던 현실을 부인할수는 없다. 그렇지만 장애인과 비장애인, 흑인과 백인, 여성과 남성, 동양(인)과 서양(인) 등의 대칭 단위들 간의 조화와 통합이 당사자들의 문제이면서 동시에 상대편의 문제이고 또한 상호적인 문제요, 전지구적인 문제이기도 하다는 공감은 분명히 확산되고 있다. 개인의 사회적 정체성이 어떻게 형성되느냐 하는 문제는 개인적인 삶의 양식과 질을 결정하는 동시에, 개인이 속한 사회의 질서를 만들고, 지구촌의 문화적 구조에도 영향을 미친다.

이러한 맥락에서 장애인의 전향적인 정체성의 정립이나 사회적 통합에 기여할 수 있는 새롭고 다양한 담론의 전개와 확산은 모두의 궁극적인 삶의 질 향상을 위한 시대적 과제이다. 특히 변화의 전환점에 서 있는 한국의 장애인 운동에서 장애 개념의 전향적인 정립은 필수적인 이념적 기반으로 작용할 수 있다. 현재 한국 장애 관련 학계의 화두는 장애 개념의 재정립을 기반으로 한 장애인의 자기결정과 참여라는 견해에 많은 사람들이 공감하고 있다. 이러한 논의의 과정에서 등장하는 장애인 당사자주의도, 정치·경제·사회·문화적인 억압으로부터 해방된 장애인의 자기결정과 사회통합을 지향하는 개념이라 할 수 있다.

김병하(2005)도 장애인 당사자주의에 대해, 억압과 차별 기제에 대한 각성된 의식과 함께 장애인 당사자의 자기결정권을 격려하는 것으로 해석하고 있다. 진정한 의미의 통합사회 실현을 위해 장애인의 정체성 정립은 필수적이며, 근래 장애인의 정체성 연구에서 자기결정 연구는 대표적인 분야로 부상하고 있다. 김병하(2005)는, 장애인 당사자주의에서 본 장애인은 끊임없이 자기 정체성을 확립해가야 하는 지성적 존재이며, 바로 이 때문에 장애인 당사자주의는 특수교육 재구조화의 본질적 과제가 된다고 의미를 부여한다.

전통적인 차별의 이데올로기에 포스트모던한 해체적 비판이 수반됨으로써 장애 / 비장애의 이분법에 대한 경계 허물기를 시도하고 개인과 사회의 유기적 소통을 지원하는 전향적인 장애 담론의 확산이야말로 진정한 통합(교육)의 구현을 위한 실천적 기반을 굳히는 일이다. 작금의 시대가 요구하는 다양한 담론의 전개와 재편은 학문적 풍토에도 반영되어, 경계를 짓고 분화해가던 영역들이 서로 경계를 허물고 융합해가며 논의의 심도를 더하고 보다 실질적으로 인류에 공헌하는 방향으로 선회하고 있음을 볼 수 있다.

3. 융합과 통섭

20세기 중반 이후 21세기가 시작된 현재에 이르면서, 다양한 분야의 학문과 기술이 서로 융합하고 수렴되는 동향은 더욱 확연하게 나타나고 있다. 포스트모더니즘의 시대정신은 거의 모든 학문 분야에서 학제적 연구의 경향을 가속화시키고 있다. 한없이 분화해 갈 것

같기만 하던 학문 간의 경계가 지난 세기 말엽 이후 가일층 무력하거나 무의미해지고 있는 현실을 우리는 직접 목도하고 있는 것이다.

지금 우리는 통섭을 시험해보는 일을 가장 위대한 지적인 도전으로 간주하고 있는 시대, 즉 종합(synthesis)의 새 시대로 접어들고 있다고 Edward O. Wilson은 그의 명저 *Consilience: The Unity of Knowledge*에서 천명한 바 있다(최재천, 장대익, 44). 이 책을 번역한 『통섭』²을 펴내면서 최재천(2007)은 우리 인간이 편의로 만든 학문의 구획은 자연에 실재하는 것이 아니기 때문에 진리의 행보가 이러한 학문의 경계를 존중해줄 리가 없다는 말로 서문을 시작한다.

이미 1959년에 C. P. Snow는 『두 문화와 과학적 혁명(*The Two Cultures and the Scientific Revolution*)』이라는 유명한 저서를 통해 '우리 모두에게 실제적인 손해이고 지적인 손실이며 창조성의 말살인 양극 현상'에 대해 지적한 바 있다. 영국의 소설가이며 물리학자이자 과학 행정관이었던 그는 다양한 경험과 이력을 동원해서 펴낸 역작에서, 같은 시대를 살고 같은 공간에서 생활하면서도 서로 다른 문화를 지닌다는 의미로 '두 문화'라는 표현을 사용하였다. 그는 현대 사회에서 이 두

---

2 Edward Wilson은 지식이 대통합되는 미래의 학문세계를 설명하기 위해 '통섭(consilience)'이라는 단어를 선보였다. 통섭은 우리에게 'scientist', 즉 '과학자'라는 용어를 선사한 William Whewell이 처음으로 사용한 단어이다. 1840년에 출간된 『귀납적 과학의 철학(*The Philosophy of the Inductive Sciences*)』에서 그는 처음으로 이 단어를 사용하였는데, 라틴 어원을 가진 'consilience'에 대해 그는 'jumping together', 즉 '더불어 넘나듦'으로 정의하였다. Whewell이 용어 선택을 놓고 부심하다가, 단어의 희귀성이 의미의 정확성을 보전한다고 보아 이 희귀한 단어를 선택했던 것과 같은 이유로, 최재천도 이 단어의 한국 번역어를 '통섭'으로 하였음을 밝히고 있다(최재천, 장대익, 2007: 10-11).

문화 간의 오해와 괴리가 대단히 심각하다고 지적하는데, 여기서 두 문화란 과학자들과 인문학자들이 각기 서로 믿고 누리는 문화를 지칭한다.

Snow의 지적에 의하면, 과학자들은 자신들만이 선진적인 첨단 문화에 속한다고 믿는 반면, 인문학자들은 과학을 이해하려 하지 않을 뿐 아니라 심지어 예술과 지적 생활을 저해하는 반문화적인 것이라고 여긴다는 것이다. 그는 특히 19세기의 낭만주의 예술가들이 과학을 오해하는 정도를 넘어 경멸하면서, 시인 William Blake가 Newton의 물리학을 맹렬하게 비난한 일화를 소개하며 다음과 같이 지적한다.

> 문학적 지식인(인문학자)과 과학자의 사이는 몰이해, 때로는 적의와 혐오로 틈이 크게 갈라지고 있다. 그러나 그보다 더한 것은 도무지 서로를 이해하려 들지 않는다는 점이다. 이상하게도 그들은 서로 상대방에 대해서 왜곡된 이미지를 가지고 있다. 그들은 심지어 지식만이 아니라 정서적인 차원에서도 별반 공통점을 찾을 수 없다(humanarchive, 70).

Snow에 따르면, 과학기술과 산업은 사회의 개혁과 진보를 선호하여 역사를 진보시키는 역할을 하고, 인문학은 산업사회를 이해하고 동조하는 관점에서 체제를 구축하는 역할을 한다는 것이다. 개혁 이후에는 그에 상응하는 체제의 구축이 있어야 하는데, 각각의 역할을 과학문화와 인문문화가 담당하고 있다고 그는 주장한다. 이와 같은 전제하에 '과학문화와 인문문화의 균열'이 발생할 경우, 두 문화는 사회의 진보를 막거나 진보를 사회에 융화시키는 데 실패하게 된다. 따라서 과학문화와 인문문화가 각각 진보와 융화를 담당한다는 전제에 동의한다면, 두 문화 간의 소통의 단절은 곧 세계의 균열로 이어진다는 해석이 가능해질 수 있는 것이다.

학문 분야가 오늘날처럼 다양하게 세분화된 것은 역사적으로 그리 오래된 일은 아니다. 우주 본연의 질서를 논리적 성찰을 통해 이해하고자 했던 고대 그리스의 사상에서는 자연과학과 인문학의 두 관점이 하나였다. 르네상스 시대에도 여러 분야에 해박한 학자들이 존재하였고, 근세 이전에 학문의 분화는 크게 철학, 법학, 의학, 신학, 수학 정도였다. 당시에는 오늘날 우리가 자연과학 분야로 알고 있는 물리학·생물학·천문학 등이 논리학·윤리학·형이상학과 함께 철학 안에 포함되어 있었다.

그러나 근세를 지나면서 새로운 방법론과 특성을 지닌 과학이 철학으로부터 독립을 선언하고 새로운 학문영역으로 등장하면서 학문의 분화는 가속화되었다. 이러한 분화는 자연·사회·인간에 대한 탐구가 발전할수록, 거시적인 영역에서 미시적인 영역으로 탐구영역이 확산되며 주제의 다양성과 내용의 심화로 이어졌다. 실제로 이러한 추세는 과학기술의 발전을 포함하여 학문 전반의 급속한 성장을 이루는 결정적인 역할을 하였다.

특히 지난 20세기에는 대부분의 학문 분야가 보다 더 세분화되고 전문화되는 과정을 통해 가일층 지식의 진보가 이루어져 왔음을 부인할 수 없다. 그러나 이러한 현상은 다른 한편으로 학문의 총체적인 발전이라는 측면에서 심각한 부정적 결과들을 야기하였다. 학문 분야가 지나치게 세분화되고 전문화됨으로써, 분화된 세부전공들 사이의 연계성이 약해지고 유용한 정보교류가 둔화되어 서로 인접학문을 이해하기 어려운 상황에 이르면서 학문 간 의사소통의 단절이라는 문제를 낳게 된 것이다. 학문 분야 간의 벽이 높아져 소통이 점점 더 힘들어짐으로써, 미래사회가 직면하게 될 제반 문제를 유기적으로 해결하기 어렵게 하는 현상이 동반되었다.

이러한 상황에서 지식기반사회의 대표적인 화두로 통섭이 등장한 것은 사실상 자연스러운 일이기도 하다. 융합과 통합을 지향하는 패러다임 변화의 징후들이 다양하게 나타나고 있으며 앞으로 그러한 경향은 더욱 가속화될 전망이다. 이러한 현상은 앞으로 새로운 지식을 창출하는 원천이 될 것이며 미래사회의 발전방향과 비전을 제공하게 될 것으로 조심스럽게 전망해볼 수 있다.

Wilson은 그의 저서에서 학문 분야의 통섭을 논하는 가운데, 21세기 학문의 거대한 두 가지는 자연과학과 창조적 예술을 기본으로 하는 인문학으로 양분될 것으로 전망한다. 현재의 사회과학은 이미 시작된 세분화 과정을 계속하며 궁극적으로는 상당 부분 생물학과 연계되거나 큰 의미의 인문학으로 흡수될 것이라고 예견한다(최재천, 장대익, 2007: 10). 그에 의하면, 학문의 커다란 가지들 사이의 간격이 좁아지는 만큼 지식의 다양성과 깊이는 심화될 것이며, 분과들 간의 통섭을 추구함으로써만이 균형 잡힌 관점을 얻을 수 있게 되어, 통합은 인간 본유의 충동을 만족시켜준다고 주장한다.

Wilson의 저서와 이 저서의 한국어 번역서로 인해 널리 알려지게 된 통섭이라는 용어 이외에, 현재 한국에서는 학문적 정의라기보다는 포괄적이고 일반적인 개념으로 '융합'이나 '융복합' 등의 용어가 많이 쓰이고 있다. 이러한 용어는 일반인들의 상식적이고 직관적인 이해를 포함하고 있어서 쓰임에 따라 의미의 차이를 보이면서도 일반적으로 통용되고 있다. 서구에서는 융합의 개념보다는 기술의 수렴과 학제적 연구의 개념에 초점을 맞추고 있는 경향이 강하여, 다학문적 연구라든가 초학문적 연구 등의 용어들을 자주 접할 수 있다.

아직 국가 간, 학문분야 간 공인된 용어나 개념이 정착한 단계도 아니어서, 유사한 개념의 여러 용어들이 사용되고 있는 상황이다. 융합, (융)복합, 통합, 통섭, 종합 등의 용어들은 지금까지 인류가 이루어낸 인문학과 사회과학 및 과학기술 분야의 눈부신 연구 성과들을 인간의 삶뿐만 아니라 인간성의 향상을 목적으로 보다 효율적으로 활용할 수 있는 방법을 모색하려는 차원에서 파생되었다는 공통분모를 가진다.

지식의 대통합을 주장한 Wilson은 세계가 정말로 지식의 통섭을 장려하게끔 작동한다면, 문화의 영역도 결국 과학, 즉 자연과학과 인문학 특히 창조적 예술로 전환될 것(최재천, 장대익, 45)이라고 예견한 바 있다. 작금의 지식 기반 정보화 사회에서는 다양한 문화 텍스트가 창출하는 새로운 이미지가 현대 시민들의 가치 체계에 즉각적으로 반영되고 흡수되어 피드백 되기 때문에, 시대정신에 부합하는 문화적 맥락의 장애 연구가 그 어느 때보다도 실효적 의미를 더할 수 있다.

장애는 다양한 영역에서 문화적 분석을 하기에 적합한 주제이며, 재현의 체계로서 장애의 개념화를 조망하는 새로운 비평적 안목이 필요하다고 Thompson(1998: 459)은 지적한다. 그리고 이러한 비평과 분석을 바탕으로 문화적 상상력 안에서 장애를 변모시키는 것이야 말로 새로운 장애학의 중심 목표가 될 것이라고 주장한다.

역사적으로 시대정신의 변천과 함께 이루어진 장애의 상대적 개념화에 초점을 맞추면서, 다양한 문화 텍스트들을 통한 장애의 해석과 이해를 주목해보면, 이 시대와 향후 세대가 가져야 할 장애(인)관의 윤곽이 드러난다. Oliver(1990)는, 20세기의 소설과 신문, 영화 등에서 장애인은 평범하게 묘사되는 경우가 거의 없이, 인간 이상이거나 혹은 인간 이하로 묘사되는 경우가 대부분이었다고 지적한다. 그러나 최근에 와서 이러한 문화적 이미지들에 대한 각성된 인식이 확산되어 장애예술운동(disability arts movement)이 일어나고 있다고 부언한다.

특수교육학을 포함한 장애 관련 연구는 사실상 시대정신의 산물이라고 해도 과언이 아니다. 그리고 특수교육학은 그 자체로 융복합적 학문의 성격을 지니고 있다. 시대의 변천에 따라 장애 여부를 초월하는 인간의 기본권에 대한 확고한 인식이 확산되었고, 이를 바탕으로 기존의 교육학에 의학과 통계학, 복지학 등의 분야가 접목되어 독립적인 학문 분야로 자리매김하여 시대가 요구하는 연구 성과를 도출하고 있는 것이다. 끊임없이 변화하며 발전해가는 새로운 시대의 새로운 인류에게 공헌할 수 있는 연구는 당연히 지금까지의 그것들과는 다른 것이어야만 한다. 이제 보다 유연한 경계 짓기와, 보다 미래지향적이고 지속가능한 가치를 지향하는 거시적인 연구로 기존의 그것을 대체할 시점에 와있다.

II

장애학과
특수교육학의 만남

장애 다시 읽기

장애학과 특수교육학의 만남

1. 특수교육학 연구의 다중 패러다임

패러다임이란 과학의 혁명적 변화를 설명하기 위한 개념으로 Kuhn (1970)이 사용한 용어로서, "연구를 이끄는 존재론적 · 인식론적 · 방법론적 전제를 형성하는 기본적 신념체제(Guba & Lincoln, 1994: 107)"를 의미한다. 자연과학에서는 하나의 지배적인 패러다임이 존재하다가 위기와 혁명이 그것을 또 다른 패러다임으로 대체하곤 하는 것이 일반적이다. 이와는 달리 사회과학 연구에서는 대체로 다수의 패러다임들이 공존하게 되므로 사실상 사회과학은 다중 패러다임의 과학이다(Skrtic, 1991). 사회과학 연구의 다중 패러다임 현상은 과학의 본질과 사회의 본질이 결합되어 나타나는 학문적 속성이라 할 수 있다.

특수교육학 연구도 사회학문적 다중 패러다임으로 연구의 방향이 설정된다. 김병하(2006: 268)는 학문적 특성에 비추어 특수교육학은 탐구대상과 방법론이 그렇게 명백하게 규정되기가 어렵다고 지적한다. 특수교육은 특수한 요구를 지닌 장애아동을 그 대상으로 한다고 하지만, 그 대상의 구분 기준은 전체 인간의 문제에 연관되는 것이기 때문에 상대적·질적·규범적 성격이 복합적으로 얽혀 있다는 것이다.

Skrtic(1995)은 사회과학의 본질에 대한 철학적 담론 형성의 논쟁 요소로 Burrel & Morgan(1979)의 주관적 / 객관적 차원의 분류에, Ritzer (1980, 1983)의 미시적 / 거시적 차원의 분류를 대응시켜, 현대 사회의 과학적 사고에 있어서의 네 가지 패러다임을 제시한 바 있다. 미시적이고 객관적인 기능주의 패러다임과 미시적이고 주관적인 해석주의 패러다임, 그리고 거시적이고 객관적인 진보적 구조주의와 거시적이고 주관적인 진보적 인본주의가 그 네 패러다임이다.

지금까지 특수교육학은 대체로 객관적이고 미시적인 기능주의적 패러다임이 주도해온 것이 사실이다. 이러한 경향은 장애를 개인이 지닌 병리적 조건으로서 객관적으로 진단하고 행동과학적 절차에 따라 체계적으로 모형화하게 하였다. 그리고 이런 모형에 의한 특수교육학은 특수교육의 실제에 대해서도 행동주의적이고 기술공학적인 접근의 토대를 강화해주었다.

이러한 패러다임은 특수교육학 연구의 발전과 함께 보다 폭넓은 다변화의 경향을 보이게 되고, 포스트모더니즘의 시대정신을 배경으로 더욱 학제적 연구의 기풍이 진작되기에 이르렀다. 객관적 관점에만 국한되지 않는 주관적 관점의 연구나, 미시적 범위를 넘어 거시적 연구의 필요성도 인정되어, 사회학문의 커다란 네 가지 패러다임이 특수교육학 연구에 활발하게 적용될 수 있는 여지에 대한 관심이 커지고 있다. 나아가 기능주의와 해석주의, 그리고 진보적 구조주의와 인본주의라는 네 패러다임이 서로 교차하고 교류하며 중첩되는 대안적 연구 방향도 기대되고 있다. 이러한 특수교육학의 위상 변화를 김병하(2006)는 아래와 같은 그림으로 보여주기도 한다.

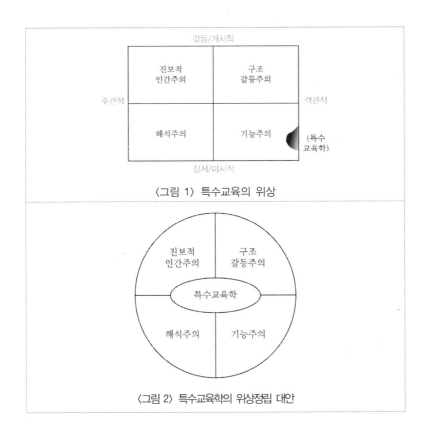

〈그림 1〉 특수교육의 위상

〈그림 2〉 특수교육학의 위상정립 대안

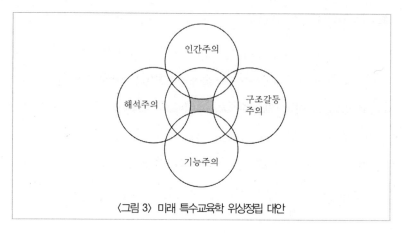

<그림 3> 미래 특수교육학 위상정립 대안

출처 : 김병하(2006), 『특수교육의 역사와 철학』, 대구: 대구대학교 출판부.

Skrtic(1995)은 전통적인 객관주의적 견해를 해체함으로써 특수교육의 지식 전통을 해체하는 과정에 들어갔음을 밝힌 바 있다. 그가 사용한 해체주의의 개념은 Derrida가 말하는 텍스트의 불확정성을 바탕으로 한 비판적 개념으로, 소위 말하는 전문적 지식의 객관주의적 견해를 대상으로 하고 있다. 그에 의하면 전문적인 지식은 주관주의의 태동과 포스트모더니즘의 출현과 연관되는 것이다.

또한 Heshusius(1991)는 전통적인 특수교육의 패러다임이 기계론적 사고에 기원을 두고 있다고 지적하면서, 기계론적 사고에서 총체적인 사고로의 전환이 필요하다고 주장한다. 예를 들어, 표준 측정 절차는 실제적인 것을 반영하는 것이 아니라, 지식을 구성하기에 좋은 방식이라고 결정한 특정 표현 이상도 이하도 아니라는 것이다. 그리고 이러한 결정은 특별한 일련의 사회적·문화적·사상적 가치에 의해 형상화된 것임을 상기시킨다. 그는 현실과 지식은 총체적 관점에서 보아야 하며 사회적·문화적 변화가 사람들과 은유와 함께 어우러져 이루어지는 결과가 곧 학습이라는 사회적 구성주의 이론을 접목한다.

Skrtic(1995)이 주장한 특수교육의 재구조화는 사실상 다중 패러다임의 관점에서 연구의 가능성을 모두 인정하고 확보하자는 것으로 볼 수 있다. 전통적 지식 성향에 기반을 둔 특수교육과 장애에 대한 기능주의적 관점을 비롯하여, 장애에 대한 경험적 설명의 가치를 강조하는 해석주의자의 관점, 장애의 기원과 특수교육의 발전에 대해 색다른 입장을 견지하는 급진적 구조주의자의 관점, 그리고 의식화·자유·이데올로기의 관점에서 기존의 특수교육과 장애인관을 비판하는 진보적 인본주의자의 관점은 모두 특수교육학 연구의 방법론으로서 가치를 지닌다(김병하, 2006 재인용).

전통적인 기능적 객관주의 패러다임은 행동주의적 특성에 주목하여 그 나름의 성과를 낸 반면, 한편으로 인간의 복잡한 의식 영역과 인지작용에 대한 해석의 여지를 남김으로써 새로운 패러다임의 필요를 낳았다. 급진적 구조주의는 거시적이고 객관적인 관점에서 물질적 구조에 초점을 맞춘 시각을 제시한 반면, 진보적 인본주의는 문화나 이데올로기 등의 관념적 구조에 중점을 두고 인간의 행동 및 사고를 형성하는 데 영향을 주는 사회적 구조에 집중하는 관점을 제시하였다(Bernstein, 1983).

진보적인 포스트모더니즘의 입장에서는 현대 지식의 해체를 비판적이고 대화적인 형태로 수용하여 학문적 재구조화의 시작으로 받아들인다(Antonio, 1989). Skrtic(1995)은 특수교육의 전문성이 생산적이기 위해 나름대로의 패러다임이 필요하며, 나아가 민주사회에서 도덕적·정치적으로 생명력을 가지려면 지식과 실천 및 담론들을 계속해서 해체하고 재구조하는 방법론의 확립이 필요하다고 역설한다. 포스트모더니즘에 있어 담론의 이질성과 경계의 해체는 그 자체로서 발전적 논리의 전제가 된다. 특수교육학 분야에서도 연구 패러다임의 이동이 일어나고 다중 패러다임의 수용이 일반화된다는 것은 곧 사회·문화적 변화에 편승한 시대정신의 반영이자 그 자체로서 발전적 변화를 예고하는 것이라 할 수 있다.

Derrida(1982)는 앞서 인용했듯이, 해체는 철학적 내용이나 명제, 철학소, 신학소, 혹은 사상소의 문제가 아니라, 의미있는 준거의 틀, 제도적 구조, 교육적 혹은 수사학적 규범, 법·권위·표현 등 각 분야에서의 가능성을 다루는 것이라고 주장한다. 특수교육학 연구에 있어서도 필요한 철학소나 사상소를 유지하되, 보다 경계를 낮춤으로써 각 분야로부터의 활발한 담론의 교류와 확장을 통해, 제도적 구조를 발전시키고 교육적 규범과 권위를 확보할 필요가 있다.

2. 통합교육과 장애 담론 확장의 당위성

현대의 특수교육은 시대정신의 변천에 따른 사회적·제도적 성숙에 힘입어 짧지만 빠른 발전의 역사를 이루어오면서 최근의 지배적 추세인 완전 통합(full inclusion)의 이념에까지 이르렀다. 이 과정에서 시민사회를 배경으로 한 인권 차원의 소수 집단 옹호 운동들, 스칸디나비아로부터 확산된 정상화 원리, 미국을 중심으로 한 특수교육 관련 각종 소송사건과 판례들은 현재의 특수교육(학)적 이념들을 구체적으로 확립시킨 기념비적 사안들로 인식되고 있다.

특히 20세기 말에 이루어진 많은 통합교육 관련 연구들과 통합교육 관련 입법화 등을 통해, 이제 통합교육은 시대적 당위성을 널리 인정받고 있으며, 나아가 장애인의 사회 통합 움직임도 여타 소수 집단들의 통합 물결과 함께 역동적으로 증가하고 있다. 연구자료들을 통해 보면, 사회적 태도나 학업 측면에서 통합교육이 긍정적인 교육 효과로 이어진 사례가 많이 나타나 있다. 이념적 명분과 임상적 연구결과를 통한 당위성이 확보되고, 통합교육 참여 학생의 수도 급속도로 증가하고 있는 상황에서, 완전통합교육의 실현을 위한 다각도의 구체적인 논의가 당면의 과제로 부상하고 있다. 가장 활발하게 논의가 이루어지는 분야는 교과학습 영역과 사회성 발달 지원 영역으로, 특수교육학 차원의 세부적인 방법론 연구가 중심이 되고 있다.

그런데 장애학생을 '발견하여 도와주는' 시대를 지나, '포함하여 지원하는' 시대의 통합교육은 보다 근본적이고 포괄적인 환경 조성을 전제로 하는 개념이다. 통합교육이 교육에서의 정상화라고 할 때, 모든 학생의 학습권과 발달 가능성은 장애 유형이나 정도에 선행하는 개념이 되어야 한다. 통합교육은 무엇보다도 시대정신의 반영으로서 도덕적으로 올바르고 적절한 교육 형태이므로 마땅히 시행되어야 한다는 것이 통합교육의 윤리적 원리이다.

김병하와 조원일(2005: 44-46)은 실천문제로서 통합교육이 그 지향성과 현실성 간에 보이고 있는 괴리에 대한 심층 분석의 필요를 제기한다. 일반 학생의 학습권을 보장하기 위해 일반 교사가 특수교육 요구 학생을 거의 전일제로 특수학급에 밀어넣는 상황을 놓고 어떤 문제점과 해결 방안을 찾을 것인가에 대해서는 시각의 차이가 있을 수 있다. 통합교육의 성공 조건에 관해서 많은 연구들이 이루어져왔고 또 이루어지고 있으며, 많은 유용한 연구 결과들이 현장에서 활용되어 교육적 효과를 거두고 있는 것도 사실이다. 그런데도 특수교육 연구의 많은 성과와 실천이 통합교육의 성공을 전적으로 담보하지 못하고 있는 현실에서, 이념과 정책 간의 관계를 이해하는 것을 복지 상태의 재정적 개혁과 도덕적 개혁의 영향을 이해하는 것과 같은 차원에서 본 Cox(1998)의 지적을 상기해볼 필요가 있다. 또한 통합은 교사와 학자들에 의해서만 이루어지는 것이 아닌, 보다 크고 복잡한 구도의 한 부분이라는 주장(Thomas & Loxley, 2001)도 매우 설득력 있게 다가온다. Thomas와 Loxley(2001)는 '특수교육을 해체하여 통합을 구축한다'는 철학적 개념을 저서의 제목으로 삼아 완전통합의 이념을 일목요연하게 보여준다.

일반적으로 특수교육에서 통합교육의 단계를 논의할 때 물리적 통합(1차 통합) ⇨ 교육적 통합(2차 통합) ⇨ 사회·심리적 통합(3차 통합)

으로 통합의 질적 심화과정을 위계화 한다고 김병하와 조원일(2003: 41)은 적시한다. 또한 박승희(2003: 38)는 장애학생에게 교육 현장에서 최선의 실제를 제공한다는 것은 단순히 교실 상황에서 주요 문제와 관련한 최선의 교수 방법과 전략을 연구하고 실행하는 것만으로는 한계가 있다고 지적한다. 그리고 장애 개념의 재정립 필요성을 다음과 같이 주장한다.

> 장애 개념의 이해가 보다 다차원적이며 종합적이고 균형잡힌 시각에서 이루어져야 한다는 것은 교육의 실제를 향상시키는 데 있어서 실질적인 필요성과 중요성을 지적하는 것이다. 따라서 장애 학생에게 최선의 교육 실제를 제공하기 위해서는 장애 개념에 대한 교사를 비롯한 관련 전문가들의 반성적 사고가 요구된다.

이 주장은 확고한 이념적 기반이야말로 어떤 교수 전략보다 가장 실질적인 성공 요인임을 역설한 점에서 의미가 있으나, 이러한 이념적 무장이 비단 좁은 의미의 교육 관계자들에게만 한정되는 범위에 머물 것이 아니라, 범사회적인 문화 인프라로 구축될 필요가 있음을 덧붙여 강조할 필요가 있다.

우리 교육부가 통합교육의 실천을 위한 질성적 측면의 정책으로 장애 학생과 일반 학생이 함께 하는 학교문화 창조를 제기하면서 설정한 통합교육 추진 방향을 소개한 내용에서는, 일반 학생의 장애 학생에 대한 이해와 인식 개선이 비중 있게 나타나 있다(교육인적자원부, 2005). 장애학생과 가족은 물론이고, 일반 학생들과 일반교사들, 그리고 일반 학생의 부모와 가족이 통합교육에 관해 전향적인 인식을 갖는 일의 중요성은 현 상황에서 아무리 강조해도 지나침이 없을 것이다. 그리고 이러한 인식이 사회 구성원 모두의 범사회적 가치로 자리매김될 때 비로소 통합이 구현될 수 있다. 이러한 의미에서 국립특수교육원도 장애의 인식 개선을 위한 범국민적 사업에 심혈을 기울이고 있다. 이러한 국가적 정책 방향은 바로 위에서 인용한 통합의 제3단계인 사회·심리적 통합을 위한 준비들이며, 궁극적으로 장애의 재개념화를 통한 통합 이념의 실질적 정착을 지향하는 것이다. 김병하와 조원일(2003: 41-42)은 거시적인 관점에서 시대정신을 읽어내야 할 필요성을 언급하면서, 공동체적 관심사에 대한 성찰적 담론을 통해 통합교육의 가치가 실현될 수 있다는 견해에 공감을 표한다.

특수학교에 재직하다 새로이 일반 학교에서 특수학급을 담당하게 된 대부분의 특수교사들이 특수학교에 근무하던 시절이 좋았다고 동경하는 상황에서 우리나라 통합교육의 벽은 높고도 두텁다고 말한다(김병하, 조원일, 2005). 이는 환언하자면, 특수학교에서 통용되던 특수교육 관계자들의 담론이 그 세계를 벗어나면 소통되기 어려운 폐쇄성을 드러낸다는 의미이거나, 아니면 (학교)사회 구성원 모두가 특수교육적 담론을 수용하고 소통시킬 수 있는 문화적 인프라의 구축이 현저히 미비하다는 의미로 해석될 수 있다. Barnes가 지적하듯이, 장애인들이 주류 지역사회 생활로 의미 있는 통합을 이루는 데 가장 큰 걸림돌은 비장애인들의 부정적인 태도인 것이다(윤삼호, 2006).

다양한 교육적 요구와 능력을 가진 학생들이 함께 교육받는 통합교육의 특장점은 장애학생과 비장애학생이 학습과 사회적 활동에서 의미있는 상호작용을 하는 것이다. 장애인 사회 통합의 기본 철학인 정상화 원리가 최소제한환경의 원칙을 낳은 것도 장애학생의 삶이 최대한 정상적일 수 있도록 정상적인 교육 환경을 제공한다는 의미를 담고 있다. 정상적인 교육환경이라면 바로 통합교육이 지향하는 의미있는 상호작용이 원활히 이루어지는 곳이고, 자연히 비장애학생들도 통합교육을 통해서 장애인을 사회의 동등한 구성원으로 당연히 인식하고 수용하는 인성교육이 이루어지는 곳이어야 한다. 그러한 의미에서, 특수교육의 재구조화는 분리교육에서 통합교육으로의 패러다임적 전환으로 인식되는 단계를 넘어, 좀더 근본적인 의미에서 '교육의 본질'을 드러낼 수 있어야 한다(김병하, 2005).

그러나 위의 일화에서처럼, 장애 / 비장애의 경계에 막혀 훌륭한 교육적 이념이 스며들 여지가 거의 봉쇄되는 현상은, 한국의 역사적·문화적 특성으로 인하여 배가 되는 측면도 있을 수 있다. 세계 각국의 고유한 문화적 특징이 특수교육 발전의 역사에도 영향을 미치는 것은 자연스러운 일이다. 한국은 단일 민족 국가에 비교적 단일 문화 사회로 발전해온 터라, 다민족과 다인종이 어울려 사는 환경에서 다양한 이념과 가치를 자연스럽게 인정하고 차이와 이질성을 수용하게 된 미국이나 유럽 여러 국가들과는 다른 문화적 특성을 안고 있다. 전통적으로 차이의 미학이 수용되기 어려운 문화권에서, 장애라는 차이를 초중고교의 학생들이 자연스럽게 받아들이기는 더욱 쉽지 않은 일이다. 혹은 자선과 동정, 그릇된 우월감에서 나온 여유로 시혜자의 입장을 자처하는 경우에도, 장애학생들에게 미치는 교육적 효과는 부정적일 수밖에 없다.

장애에 대한 보편주의적 접근(universalistic approach)을 주장한 Zola(1989)는, 하나의 정치적 전략으로서 장애의 특수성을 비신화화(demystify)하는 것이 필요하다고 지적한다. 그는 장기적으로 볼 때 인구 전체가 만성적 질병과 장애의 '위험 군'이 될 수 있음에 기초한 보다 보편적인 정책이 필요하다고 주장한다. 장애는 인간을 한 종류와 다른 종류로 나누는 이분법적 인간 속성이 아니라, 무한히 다양한 인간 조건의 보편적 특성이라는 것이 보편주의적 접근의 기본적인 인식이다. 따라서 보편주의적 장애 정책에서는 인간의 정상성의 범주가 인간의 다양한 변형성을 포괄할 수 있도록 현실적으로 확대되어야 한다. 인간이 생활하는 전반적인 환경에서 '보편적 설계(universal design)'를 실현하는 것 등은 구체적인 실제 사례가 된다. 차이, 즉 다르다는 것은 다양한 인간 조건의 보편적 특성이고, 이런 맥락에서 성별도 피부색도 장애의 유형이나 정도도 예외일 수 없으며, 이러한 모든 차이가 인권의 차이로 이어질 수 없다는 인식은 문화적으로 체득되는 일이다. 따라서 지구촌 시대의 다양한 가치와 문화를 자연스럽게 수용하고, 차이와 우열을 별개의 개념으로 인식하며, 그 모든 차이와 우열에도 불구하고 인권을 인간사회의 최상위 개념으로 인정하는 인프라가 전사회적으로 구축될 필요가 있다. 그러한 환경에서 통합교육은 훨씬 자연스러운 교육적 가치로 모두에게 다가갈 수 있기 때문이다.

근본적으로 특수교육 / 통합교육이나 장애인 복지는, 인간이면 누구나 천부적으로 가질 수밖에 없고 양도할 수도 없는(unalienable) 기본권으로서의 인권 차원에서 이루어지는 인간에 대한 범사회적 서비스이다. 일반 학생의 학습권이 특수교육 요구 학생의 학습권에 당연히 선행한다고 생각하는 풍토가 다분히 존재하고 있음을 아직은 부인하기 어렵다. '일반 교육과 특수교육의 책무성 공유에 의한 모든 학생의 교육 성과 최대화'를 위한 기본 방향인 '통합교육의 보편화와 내실화 도모'(교육인적자원부, 2005) 차원에서 장애의 재개념화는 절실한 과제이다.

　통합교육이 교육 수혜자 모두의 삶의 질을 제고하는 데 공헌할 수 있도록 하기 위해 연구자들의 시야는 보다 넓어져야 할 필요가 있다. 삶의 질의 성취와 조화를 이루는 교육의 총체적 효과를 목표로 한 교육자의 책무성은 실로 무한하게 느껴질 수도 있다. 그러나 학교 환경을 통해 형성되는 학령기 정체성이 개인의 삶의 양식과 질을 가름하는 중요한 분수령임을 생각할 때, 장애 / 비장애의 이분법적 경계가 해체된 전향적 역할 가치에 대한 인식을 학교문화로 정착시키려는 노력은 절실한 것이다. 전통적인 차별의 이데올로기를 넘어 포스트모던한 해체 철학을 기반으로 사회적 역할 가치화에 동참하는 장애 담론의 인본주의적 확장은 진정한 통합교육의 실현을 가속화시킬 수 있다.

3. 포스트모더니즘의 문화 담론으로 본 장애 재개념화

1951년에 Parsons는 '질병'에 대한 새로운 해석을 내놓았다. '환자의 역할'을 단순한 개인적 상황으로 제한시키지 않고 사회적 위상과 권리와 책임의 문제와 결부시킨 것이다. 이 해석은 전세계적으로 사회학계에서 상당한 영향력을 발휘하면서 후속의 파급 효과를 촉발시키게 되었다. 이러한 해석은 당시의 지배적 관념으로부터의 일탈이었고, 결과적으로 장애에 대한 사회적 반응을 사회논리학적으로 분석하는 데에도 큰 영향을 미쳤다(Barnes, Oliver, & Barton, 2002).

이러한 사회(학)적 관심의 연장선에서 Erving Goffman의 *Stigma* (1963)는 '정상(normal)'과 '비정상(abnormal)' 간의 상호작용을 논한 명저로 부상하였다. Goffman은 이 저서에서 '낙인'이 찍히게 되는 유형을 크게 세 가지로 제시한다. 첫째는 다양한 신체적 기형이고, 둘째는 나약한 의지라든가 부자연스러운 열정이나 독선적 신념 등이며, 셋째는 인종이나 국적과 관련한 낙인이다.

그는 장애인을 포함하여 사회적 가치 박탈(social devaluation)을 당한 사람들이 낙인이 찍힌 것과 같은 사회적 심상(social imagery)을 지니게 된다고 보았다. 그리고 이로 인해 훼손된 정체성(spoiled identity)을 갖게 된다고 보고, 이를 상징적 상호관계론을 인용하며 설파하였다. *Stigma* 를 내놓기 이전부터 그는 정신 장애인 시설의 문제점들을 분석하는 논문과 저서 등을 발표하여, 관습적인 획일성이 압도하는 전체주의적인 상황이 전개되는 시설을 '총체적 시설(total institution)'로 묘사하면서 비판하였다(Goffman, 1961). 이러한 시설에 입소된 이후로 장애인들이 겪게 되는 일련의 퇴화과정을 Goffman은 굴욕적 고행으로 보면서 사회적으로 가치 박탈을 당한 사람들에게 부당하게 부과되는 부정적 심상에 주목하였다.

Goffman(1963)은 사회적으로 용인된 역할들이 상호작용을 일으키는 과정에서 개인에게 부여되는 역할은 고정적인 것이 아니라고 주장한다. 마치 연극의 대본과도 같은 사회의 구조가 개인에게 부여한 역할을 다분히 의식하여, 사람들은 그 역할 상황에 적합한 '인상 관리(impression management)'를 하게 된다고 보았다. 이러한 역할의 사회적 상호작용에 대해 Goffman은 인간의 삶을 연극 무대 위의 연기자의 행위에 비유하는 '연극 모델'로 제시하였다.

'정신(서)적 질병 / 장애(mental illness)'도 다른 여러 형태의 사회적 일탈과 더불어 지배적인 사회 질서로부터 파생된 사회적 구조에 다름 아니라는 사고는 이후 70년대 후반 Foucault의 저작들을 통해 더욱 증폭되기에 이르렀다. 90년대에도 장애 연구를 포함하여 여러 분야에서 포스트모던한 사고의 개발에 큰 영향력을 행사한 Foucault(1971)는 담론의 생산과 통제를 통해 권력이 행사되고 개인이 지배되는 여러 방식들을 역사적으로 분석했다. 그의 연구에서 담론은 지식을 구성하는 방식이며 그 지식에 내재해 있는 사회 관습이나 권력 관계 등을 구성하는 방식이기도 하다.

Foucault에 따르면, 서구에서 학교라는 근대 훈육 기관이 교육을 독점하게 된 과정은 '백치'나 '정신박약'이 '광기'로부터 분리 정립된 과정과 깊이 관련되어 있다. 백치는 18세기 중반까지만 해도 광기 일반에 포함되어 있었으나, 1840년경부터는 광기나 질환이 아니라 지적 발달이 정지되거나 지체된 상태로 정의되었다. 지적장애의 개념은 성인보다 아동을 대상으로 아동심리학의 영역에서 형성되었다. 지적장애아의 구별로부터 아동의 정상적 발달이라는 개념이 생겼고, 발달의 개념을 중심으로 심리학과 교육학이 발전하게 되었다.

인종이나 성별, 계층 등을 통해 특정 사회마다 특정 형태로 나타나는 권력 관계에서, 지배적인 권력에 대한 도전이 이루어져 권력 균형상의 작은 변화라도 달성하기 위해서는 극단적일 정도의 용기가 필요하게 되는데, 1차 세계대전에 이르기까지 수년간 이어진 참정권 운동은 대표적인 예로 거론되곤 한다. 이러한 변혁에 가까운 변화를 현실화하기 위한 전략에는 권력과 지식 관계의 메커니즘을 분석하여 그 구도를 변화시키려는 지적·정치적 노력도 포함된다.

권력과 지식의 메커니즘에서는 그 핵심에 교육 체계가 놓여 있고, 그 체계 내에서 선택된 개인들이 문화적 담론에 접하게 되고 특정한 방식으로 특정한 목적에 따라 문화적 구조와 질서를 읽어내고 습득하게 된다. 글(을 포함한 다양한 문화 매체) 읽기가 거듭되는 과정에서 독자는 텍스트상의 전략에 동참하게 되고 그 세계의 가치와 관점을 공유하게 될 가능성이 높아진다. 현대 사회에서 글 읽기(를 포함함 넓은 의미의 문화 매체와의 접촉)와 글 쓰기(를 포함한 넓은 의미의 문화 매체를 통한 표현)는 자연스럽고 일상적인 생활의 일부이다. 자연스럽다는 그 사실로 인해서 문학/문화 매체는 의

미나 가치를 전달하고 강화하는 데 매우 효율적이다. 20세기 들어 여성의 참정권 획득 이후, 60년대에 시작된 베트남 전쟁 반대 운동, 흑인의 평등권 운동 등과 맞물려 일어난 페미니즘의 경우도 여성의 문제를 해결하고자 한 지적・정치적 활동으로 해석되곤 한다.

포스트모더니즘이 교육의 새로운 가능성을 조망하는 이론적 기반을 제공해줄 수 있느냐의 문제와 관련하여 주목 받고 있는 Rorty(1979)는 철학이 사회적 대화의 한 부분으로 이해되어야 하며 해석학적이고 교화적이어야 한다고 주장한다. 그는 "특권이 부여된 가상의 서술체계를 통해 보편적 통칙을 제안함으로써 대화를 종결지으려는 시도"를 거부한다(Rorty, 1979: 377). 그의 주장에 따르면, '교육 받은 사람'은 기존의 담론들을 부단히 해체하며, 그러한 담론들의 우연성과 역사성을 인식하고, 보다 나은 새로운 담론들을 만들어낼 수 있어야 한다(362).

Lyotard도 포스트모더니즘을 지배적 담론의 붕괴 과정으로 보고, 인류 역사상 억압을 초래해온 보편적 대서사(Metanarratives)의 특권이 몰락하는 징후로 시대적 현상을 해석한다. 이는 주체의 해체와 함께, 문화적 차별성에 근거하여 차이를 주장하는 주변의 목소리가 다양해지고 이질성의 가치가 강조되는 변화를 의미하는 것이다. 따라서 텍스트의 여백에서 힘을 발휘하고 있는 숨겨진 갈등과 모순과 결핍의 세계를 찾아내어 오히려 구조의 생성 조건으로 삼아야 하는 시대적 명제가 대두된다. 이때의 타자는, 주체의 자기 규정을 교란시키고 주체의 성찰 조건을 심의하며 재구성하는 관계로 자리매김된다.

Derrida의 해체 철학에서는 고정된 어떤 기의도 기표도 있을 수 없다. 그것들은 상호간의 차이를 통해서만 정체성을 얻게 되며 끊임없는 지연의 과정에 종속되는 것이다. 의미가 뚜렷하게 고정되어 있는 재현은 소급에 의해 잠정적으로 고정시킨 결과에 불과하다. 기표들은 항상 담론의 맥락 속에 놓여지며, 기표에 대한 특수한 해석을 통해 의미를 일시적으로 고정하는 것은 이 담론의 맥락에 의해 결정된다. 결과적으로 그 기표에는 언제나 그것이 위치하는 담론적 맥락의 변화에 따라 반박되고 재정의될 수 있는 가능성이 열려 있다. 기표 '여성'의 의미는 그 맥락에 따라 이상적인 전형으로부터 희생자에 이르기까지 다양하게 변화한다. 기표 '장애(인)'의 의미도 담론의 맥락에 따라, 시대의 이상과 가치에 따라, 문화적 구조에 따라, 끊임없이 지연되고 변화하는 과정에 있다.

포스트모더니즘의 여러 이론들은, 몸이 단순한 물리적 개념으로서의 신체가 아니라, 특정한 문화적 담론 구조 속에서 다양한 사회적 가치와 의미를 지니고 또한 발생시키는 기표로서 작용한다고 말한다. 여성의 몸을 지닌 여성이라는 젠더의 기표가 시대에 따라 변화하는 여러 가지 엇갈리는 의미들을 지니는 것처럼, 장애의 몸을 지닌 장애인의 기표도 변화하는 무수한 기의를 본격적으로 만들어 내기 시작한 시점에 와 있다.

의미의 복수성과 변화의 문제에 대한 포스트구조주의적 답변은 고정된 기호 속에 담겨 있는 문화·사회적 의미를 묻는 것이다. Gayatri Spivak(1987)은 주변적인 것 자체가 중심을 변혁할 수 있다고 보는 입장은 중심의 가치에 은밀히 동조하는 결과를 빚는다고 비판하면서,

장애 다시 읽기: 장애학과 특수교육학의 만남

주변부가 중심에 들어가서 중심을 주변적인 것으로 만들 수 있는 새로운 정치학을 생산해야 한다고 주장한다. 지식의 재생산 과정에 관련된 정치학을 인식하는 것이 중심의 획일적 논리를 변화시킬 수 있는 기반이 되기 때문이다. Spivak은 '문학 텍스트에 숨겨진 이데올로기적 아젠다를 읽어내는 것'을 중시하며 문학 / 문화의 근본적인 정치성을 강조했다. Spivak은 문학의 특성을 인간의 텍스트성(human textuality)을 대표하는 모형으로 본다. 인간은 언어처럼 조직된 의식을 갖고 주위 세계를 읽어야 할 텍스트처럼 인식하고 지식을 얻기 때문이다. 그래서 Spivak은 문학의 본질적인 역할을 사회의 복잡하고 심각한 문제들을 어떻게 제시할 것인가 하는 올바른 문제 제기에 둔다.

문학 텍스트에 숨겨진 식민주의적 담론이 식민 주체를 재현의 과정 속에 짜 넣음으로써 이데올로기적으로 제어하고 정체성을 부여(Tiffin, Lawson, 1994)할 때 탈식민주의에 입각한 해체적 글읽기의 시도가 필요한 것은 바로 그러한 시대적 요구의 실천이라 할 수 있다. 이분법에 기반한 식민 담론에서 서양 / 백인 / 문명 / 남성 / 건강한 (아름다운, 정상적인, 비장애인의) 몸 등은, 동양 / 흑인 / 야만 / 여성 / 건강하지 못한 (못 생긴, 비정상적인, 장애인의) 몸 등과 대립 항을 이루어 나타난다. 이러한 이분법적 대립 구도에서 기존의 사회와 문화는 후자 항들이 전자 항들의 지배를 받을 수밖에 없다는 명분을 고착시키는 담론을 생산하고 유지시켜왔다.

정형화된 이분법적 재현 체계를 통해 서양의 이미지를 우월한 문명으로 구성하고 강화하며 동양을 열등한 타자로 담론화했다는 '오리엔탈리즘'으로 유명한 탈식민 이론가 Edward W. Said와 그의 명저 *Orientalism*(1979)이 있다. Foucault의 권력 이론을 따르면서 Said가 설명하는 바에 따르면, 식민 담론은 많은 인적·물적 자원이 동원되어 이루어진 사회 담론으로 정치적·경제적·문화적 제도를 통하여 유지되며, 정치적·지적·문화적·도덕적 권력의 다양한 형태로 나타난다. 오리엔탈리즘은 지정학적인 지식을 미학적, 학문적, 경제적, 사회학적, 역사적, 문헌학적 텍스트로 배분하는 것이라는 Said의 견해는 오늘날 탈식민주의 이론을 제공하는 기반이다. Said(1979)가 제시한 탈식민 논의의 중요한 단초는 문화적 헤게모니론에서 진일보한 양가성(ambivalence)의 문제이다. 그것은 동양에 대한 서양의 갈등적인 양가성, 즉 아는 동양에 대한 조롱과 모르는 동양에 대한 즐거움과 두려움을 동시에 드러내는 것을 말한다. 파악되지 않은 피지배자의 타자성은 위협적인 불안을 야기시킨다. 이를테면, 피지배자는 '전지전능한' 지배자의 시야에 훤히 파악되는 대상이면서도 동시에, 지배자가 도무지 이해할 수 없는 존재이기도 한 것인데, '불가해한 동양인'이나 '신비로운 동양' 등은 좋은 예이다. 그런데 Said의 이론에서는 이 불안과 갈등적 요소가 피지배자의 정치적 저항으로까지 이어지지는 않는다. 이국적인 피지배자는 파악되지 않은 신비로운 상태에서는 불안한 욕망의 대상이지만, 일단 파악이 되고 나면 지배자에게 있어 흥미를 잃은 조롱의 대상일 뿐이기 때문이다. '교활한 동양인'이나 '불성실한 하인' 등의 부정적 정형은 대표적인 예가 된다. 피지배자는 식민적 지배 구조 안에서 '열등한' 존재이므로 개혁과 지배의 대상이 되며, 어느 정도 개혁된 피지배자는 Foucault가 말하는 순종하고 유용한 훈육의 대상이다. Said가 말하는 양가성은 궁극적으로 동양의 열등함에 대한 서양의 변함없는 신념으로 통합된다는 점에서 Said의 오리엔탈리즘에는 저항의 가능성이 미약하게 나타난다고 평자들은 지적하곤 한다.

Said의 식민 담론에서 제기된 양가성에 주목하여 이를 더욱 적극적으로 피지배자의 정치적 저항을 위해 사용하는 학자가 Homi K. Bhabha이다. 지배자의 정체성 형성은 잠재적 대립관계에 있는 타자의 정형화된 정체성에 의존해야 하는 구도를 필요로 한다(Bhabha, 1994). 부정적인 정형을 딛고 그 반대편에 존재하는 긍정적인 정체성을 확보함으로써 지배자의 위상이 성립될 수 있기 때문이다. 그러나 지배 구조의 성립에 필수적인 이 타자에의 의존성은 식민 지배자의 정서적 양가성을 낳게 하여, 식민 담론에서 끊임없는 갈등의 형태로 나타나게 된다고 Bhabha(1994)는 지적하며 식민 담론을 보다 상호갈등적으로 설명하려 한다. 지배를 위해서는 피지배자의 동의/묵인/굴복을 얻어야 하고, 이를 위해 실행되는 지배자의 문화적 재현 과정에서 지배 관계를 위한 갈등적 요소가 개입하게 되는 것이다.

문화가 헤게모니에서 차지하는 중요성을 고려한다면 탈식민적 저항의 가능성을 문화적 재현 과정에서 찾으려는 노력은 충분히 가치 있는 것이다. 식민 담론의 내적 모순을 드러내는 양가성은 식민 권력의 일방성을 해체시키는 기제로 작용한다. 식민 담론에서 지배자는 피지배자에게 '문명화'라는 명목으로 자신의 모범을 따르도록 강요하면서도 동시에 양자 사이의 구별을 강조하는 지배 욕망의 양가성을 드러낸다. Bhabha(1994)는 이러한 지배 욕망의 양가성과 이에 대한 피지배자의 전복적 반응에서 정치적 저항의 가능성을 발견하려 한다. '나를 닮도록 하되 나와 같아서는 안 된다'는 지배자의 양가적 요구에 대해 피지배자가 부분적 모방을 시도하면서 이분법적 구도가 해체의 위협을 받고 지배자의 정체성이 해체되는 전복적 효과를 일으킴으로써 저항적 효과를 창출하게 된다. 또한 모방하되 차별을 유지하기 위한 '금지(interdiction)'가 요구되므로 피지배자의 담론은 '행간에서 언술된다(inter dicta)'. 이러한 피지배자의 '행간의 글쓰기'로서의 '간극성(liminality)'은 바로 저항의 공간성을 의미하게 되므로, 탈식민주의의 정치적 저항을 회복하기 위해 '행간 읽기(reading between the lines)'는 필수적이라고 Bhabha는 주장한다.

Said나 Bhabha 등은 전세계적으로 작금의 인문사회학적 논의에 지대한 영향력을 행사하고 있는 학자들이며 그들의 이론은 많은 문화 매체나 사회적 현상을 해석하는 틀을 제공하고 있다. 그러나 그들의 이론도 물론 완성된 궁극의 이론은 아니다. 당연히 있어야 할 많은 문제 제기가 있어왔고 앞으로도 끊임없이 이어질 새로운 이론의 정립 과정에서 논란의 단초들을 제공하게 될 것이다. "여성은 태어나는 것이 아니라 만들어진다"고 한 Simone de Beauvoir의 유명한 말은 여성이 생물학적·본질주의적 집단으로 인식되는 동시에, 이와는 별도로 사회적·문화적·정치학적으로 구성된 구성주의적 집단으로 인식되기도 한다는 함의를 지닌다. 여기서 Beauvoir에게 젠더는 자연적 사실이기보다는 역사적 상황이 된다. 이렇게 문화 읽기는 구성주의적이고 역사적인 일일 수밖에 없다.

계층이나 성별, 그리고 인종의 정체성 형성에 기여하는 오늘날의 담론이 일련의 역사적 과정을 거쳐 지금에 이르렀다면, 이러한 담론의 전개는 장애(인)의 사회적 정체성을 형성하는 데에도 유사한 틀로 작용할 수 있다. 장애학 연구에서 장애(인)의 위상을 여성이나 유색인종, 제3세계의 인권 등의 전통적인 소외 계층/약자 집단의 경우와 유사한 차원에서 논의하는 것도 이러한 맥락이다. 나아가 Mitchell과 Snyder(1997)가 갈파했듯이, 장애는 인종/성/계층 등에 있어서의 주변인 집단이 지닌 결함에 대한 상징으로까지 그동안 빈번히 사용되어 왔다는 점에서 '재현의 이중적 속박(representational double bind of disability)'을 받고 있었음을 볼 때 이러한 담론들 간의 교차적 논의는 필수적이다.

요컨대, 포스트모더니즘의 다양한 문화 담론에서 볼 때, 장애인과 비장애인에 대한 전통적인 이분법적 경계의 해체와 장애의 재개념화는 역사적 필연이라 할 수 있다. 그리고 이를 위해서는 특정 분야에 국한되었던 장애 담론이 각 분야로 확장되어 다양한 장애 담론으로 활성화됨으로써, 장애 재개념화가 문화적 인프라로 구축되어야 할 필요가 있다. 이는 곧 장애 재개념화와 관련한 장애 담론이 다양한 관점에서 다양한 방식으로 활성화되어야 한다는 것을 의미하며 다음의 논의도 이러한 차원에서 의미 있는 시대적 과제이다.

4. 장애학의 출현

시대정신에 따른 연구 패러다임의 다변화와 함께 장애 담론이 확장되고 이에 따른 장애의 재개념화가 활발하게 이루어지는 현상의 배경에는 장애학의 출현이 있다. 21세기에 들어오면서 기존의 특수교육학이라는 좁은 틀에서 벗어나 광범위한 분야에서 장애를 연구하고자하는 열기가 전세계적으로 고조되고 있다(Colin Barnes et al., 2002). 장애를 연구하는 학문 분야의 확장이라는 측면에서 최근 가장 괄목할만한 성과를 내고 있는 분야로 장애학을 주목하지 않을 수 없다. 장애학이야말로 포스트모더니즘과 관련한 연구 동향이 반영되어 나타난학문 분야라고 할 수 있다. 장애학은 장애를 규정하는 요인에 관한전통적 관점을 뛰어넘어, 장애를 정치·경제·사회·문화적 현상으로 이해하려는 다각적인 관점을 기조로 하는 다학제적 신생 학문이다.

대학을 중심으로 장애학 강좌가 이미 미국과 캐나다(Albrecht et al., 2001), 영국(Barton & Oliver, 1997), 호주와 뉴질랜드(Sullivan & Muntford, 1998) 등에 개설되었고, 다양한 관점에서 폭넓은 연구가 이루어져, 선진 여러 학자들 간의 연계도 형성되고 있다(Tideman, 1999; Oorschot and Hvinden, 2001). 전세계 장애학 연구의 주도적 역할을 담당하고 있는 대학으로는 영국의 리즈대학교(University of Leeds)와 미국의 일리노이대학교(University of Illinois)를 들 수 있는데, 특히 리즈대학교는 장애학 센터(Center for Disability Studies)까지 두고 세계적인 장애학 연구를 선도해가고 있다.

영국의 장애학 연구는 Oliver를 중심으로 한 사회적 모델의 장애이론에 힘입은 바가 크다. 장애를 개인적 비극이 아닌 사회적 문제로 간주하는 사회적 모델에서는, 장애란 사회적 환경에 의해 창조된 조건들의 집합체라고 본다. 따라서 장애는 곧 장애인의 요구를 사회 내에서 수용하고 이에 적합한 서비스를 제공하지 못한 사회의 실패를 의미한다.

휠체어나 기타 보장도구에 의지해서 길을 가던 장애인이 계단이나 다른 장애물 앞에 이르러 이동의 불편이 발생한 상황을 흔히 가정해볼 수 있다. 여기서 문제가 되는 불편함이 장애인 자신이 안고 있는 장애 때문이라고 보느냐, 아니면 모든 사람들을 위한 편의시설이 제대로 갖추어지지 않은 사회적 인프라 때문이라고 보느냐를 질문해보는 것이다. 개인의 사회적 불리를 유발하는 문제가 개인적 장애로 인한 것인지 사회적 장애로 인한 것인지를 단순하면서도 상징적으로 묻는 예이다. 장애의 의료적 모델과 사회적 모델의 차이는 이렇게 분명하고 함축적이다.

흔히 휠체어를 탄 지체장애인을 쉽게 연상하게 되지만, 사실상 장애의 유형이 어느 것이건 마찬가지로 적용이 된다. 환경적 문제로 인해 불편을 겪는 시각장애인이나 청각장애인은 물론이고, 정신장애인이나 지적장애인의 경우에도 같은 해석이 가능하다. 개인이 가진 생물학적 손상에 사회적 억압이 가해짐으로써 사회적 상태로서의 장애가 발생하게 된다는 점은 마찬가지인 것이다. 자본주의 노동시장에서 '비표준화된 육체'를 가짐으로써 외면당하는 지체장애인과, 합리주의 기조의 사회로부터 배척당하는 '비이성적인' 정신장애인이 경험하게 되는 차별의 맥락은 동일한 구조이다. 따라서 장애를 사회적 문제로 보는 관점에서는, 장애인의 요구를 적절히 수용하고 지원하지 못한 사회적 장벽에 도전함으로써 이러한 문제들을 해결해가고자 한다.

개인으로서의 장애인의 요구를 수용하고 적절히 지원하지 못한 사회적 실패의 결과는 나아가 사회 전체적으로 체계화되고 제도화된 차별을 통해 장애인 집단 전체에게 전달된다고 Oliver(1996)는 지적한다. 신체적으로 손상을 입은 사람이 필연적인 이유 없이 사회에 대한 완전한 참여로부터 고립되고 배제됨으로써, 사회는 그들을 억압받는 장애인 집단으로 만드는 것이다. 장애를 개인의 기능 손상으로 보는 의료적 관점에 맞서 사회적 억압의 산물로 보는 이런 사회적 모델은 장애인을 사회적 주체로 참여시키는 운동의 이론적 근거가 되었다. 바꿔야 하는 것은 장애인의 손상과 결함이 아니라, 장애인을 배제하는 사회의 물리적 · 제도적 · 법률적 장벽이라고 말해주기 때문이다. 그러므로 사회적 모델에서는 장애인의 완전한 사회 참여가 가능한 환경적 교정을 전사회적 책임으로 간주한다. 이렇게 장애인의 권리와 사회 전체의 변화를 요구하는 사회적 모델의 이념적 기반은 영국 장애학 연구의 기반이 되기도 하였다.

장애의 사회적 모델로부터 자연스럽게 발전하게 된 장애학에서는 장애와 비장애를 구별짓는 사회적 구성을 고찰하면서, 나아가 장애인을 억압하는 정치 · 경제 · 사회 · 문화적 메커니즘을 다각도로 분석하고 보다 본질적인 문제를 규명하고자 한다. 장애학은 장애인에 대한 지식이 구성되는 인식의 틀은 무엇이고, 그것은 어떻게 생성되며, 그것의 권력 효과는 무엇인가를 묻는다. 영국의 초기 장애학 연구는 장애인에 대한 지식이 구성되는 장을 사회로 보고 그 지식의 권력 효과를 억압으로 규정하였다.

장애학에서 또한 장애는 경제학에서 비롯된 '갈등'과 '규칙'의 구성 모델로 파악되기도 한다. 장애를 가진 집단이 사회 안에서 다른 집단과 갈등(주로, 배제와 차별)하는 방식과 그것을 제어하는 규칙은 무엇이고, 그것은 어떻게 재편되어야 하는가 하는 사회학적 연구를 근간으로 하는 것이다.

또한 한편으로, 장애는 생물학적 현상이이나 생물학에서 비롯된 '기능'과 '정상성'의 구성 모델과는 다른 차원으로, 문화와 언어학적 기반에서 연구되기도 한다. Foucault(1966)가 제시한 도식을 단순하게 적용해보자면, 장애는 언어학에서 비롯된 '의미화(signification)'와 '체계(system)'의 구성 모델(constituent model) 속에서 파악될 수 있는 것이기도 하다(이규현, 2012). 장애는 인간의 신체적, 정신적 특성을 '장애'로 의미화 하는 방식의 '체계'에 대한 문화론적 연구 대상인 것이다.

이렇게 근본적으로 장애학에서는 장애인 개개인을 직접 '대상화' 하는 접근법을 취하려고 하지 않는다. 장애인을 유형과 정도에 따라 분류하고 그들을 위해 각각 무엇을 해줄 것인지를 연구하고자 하는 기존의 연구방법론을 채택하지 않는 것이다. 그러한 전통적 접근은 의학, 재활학, 특수교육학 등의 방식이다. 장애인의 건강문제를 비롯한 교육과 복지 등의 '사후적' 지원에 충실한 전통적 접근방식은 이들 학문과 장애학을 본질적으로 구별되게 하는 지점이 된다.

장애 이론의 커다란 두 계파는 영국형 이론과 미국형 이론으로 나뉘어진다. Oliver를 중심으로 한 영국형 이론은 유물론적 역사 분석을 근간으로 하여 장애를 산업 자본주의의 창조물로 보는 것이다 (Oliver, 1990). 이에 반해, 미국적 이론은 기능주의와 일탈 이론을 기반으로, 장애 문제의 사회적 구성을 사회 발전의 결과로 해석한다. 그러나 이 두 접근법은 모두 영국의 '2세대' 장애학자들의 비판을 받게 되는데, 그 이유는 이 접근법들이 문화의 역할을 소홀히 다루었다는 것 때문이었다(Barton & Oliver, 1997).

문화를 중시하는 경향은 특히 미국의 장애학 연구에서 강화되고 있다. Beth Omansky(2011)는 미국에서 장애학은 문화적 모델을 강조하는 반면, 영국에서 장애학은 장애와 경제적 환경 사이의 접점을 강조하는 유물론적 접근을 통한 사회적 모델을 확장한 것으로 정리한다. 사회학적 기반에서 출발한 장애학은 이제 문화적 접근법을 적극적으로 수용하여 학제적 성격을 그 특성으로 하게 된 것이다.

장애의 사회적 관념에 대해 문화적 관점으로 접근하는 입장에서는, 장애를 만드는 사회를 해석하는 일로서 장애를 만드는 태도와 재현에 초점을 맞추는 연구를 통해 낙인을 해소하고 가치 있는 존재로 인식되도록 지원할 것을 강조한다(Priestley, 1998). Priestley(1998)는 장애에 관한 이론적 논쟁에 대응하고 장애 이론을 제대로 이해하기 위해서는, 개인적 모델과 사회적 모델이라는 단순한 구분 이상의 접근이 필요하다는 것을 전제로, 장애 이론의 다중 패러다임을 논한 바 있다.

그는 기존의 개인적 모델과 사회적 모델로 구분한 장애 이론에, 유물론자(materialist)의 관점과 관념론자(idealist)의 관점을 대입한 네 가지의 접근법을 아래 표와 같이 제시하고 있다. 여기서 도출되는 두 가지 개인적 모델은, 전통적인 의료적 모델이나 복지 모델의 개념인 개인적 유물론과 개인적 관념론 등이 된다. 그리고 사회적 모델의 두 유형 중 사회적 유물론자의 관점은, 자본주의의 정치·경제 구조가 장애인에 대한 억압과 배제를 만들어낸다는 Oliver를 중심으로 한 유물론자들의 주장이 이론적 근거가 된다. 사회적 관념론은 사회

	유물론자(Materialist)	관념론자(Idealist)
개인적 (Indivi-dual)	개인적 유물론자 모형 (Individual Materialist models)	개인적 관념론자 모형 (Individual Idealist model)
	장애는 개인의 신체적 기능 위에 작용하는 생물학의 신체적 산물이다.	장애는 역할 협상과 정체성 창조에 참여하게 된 개인에 대한 임의적 산물이다.
	분석의 단위 (unit of analysis): 손상된 몸 (impaired bodies)	분석의 단위 (unit of analysis): 신념과 정체성 (beliefs and identities)
사회적 (Social)	사회적 창조론자 모형 (Social creationist models)	**사회적 구성주의자 모형 (Social constructionist models)**
	장애는 특정한 역사적 맥락에서 발전해가는 사회-경제적 관계의 물질적 산물이다.	**장애는 특정한 문화적 맥락 안에서의 사회적 발전에서 파생된 관념적 산물이다.**
	분석의 단위 (unit of analysis): 물질과 권력의 관계 (material relations of power)	**분석의 단위 (unit of analysis): 문화적 가치와 재현 (cultural values and representations)**

출처 : Four approaches to disability theory. Priestley, M. (1998). Constructions and creations: Idealism, materialism and disability theory. *Disability and Society, 13*(1), 78.

적 유물론이 지나치게 경제적 측면과 자본주의의 문제점에 집착하고 있는 점을 비판적으로 바라보며, 보다 다양한 인식론적 기저에서 장애의 개념에 접근할 필요를 제기한 문화적 관점이다.

Priestley(1998)에 의하면, 사회적 모델이라고 해도, 어떤 경우는 구조적이고 물질적인 조건에 초점을 맞추는가 하면, 또 어떤 경우에는 문화와 재현의 문제에 보다 관심을 기울이는 경우가 있다고 한다. 따라서 사회적 모델도 어디에 주안점을 두느냐에 따라 유물론적일 수도 있고 관념론적일 수도 있는데, 문화적 관점에서 장애의 사회적 구성(social construction)에 중점을 두는 관념론적 모델은 장애를 차별하는 태도와 재현에 초점을 맞추는 연구를 하게 된다(76). 이에 대해 Priestley(1998: 81)는 다음과 같이 말한다.

> 이러한 관점에서 볼 때 장애는 사회적 구성물—즉 어떤 특정한 문화적 맥락 안에서 발달해가는 사회의 관념적 산물이다. 여기서 분석의 단위는 문화적 재현이 된다. 그리고 사회적 구성주의와 문화적 상대주의가 유력한 방법론이다. 이러한 특성을 가진 장애 이론은 대단히 많은데, (…) '정상화'에 대한 Wolfensberger의 접근법도 영향력 있는 예가 될 것이다.

사회적 구성으로서의 장애의 특징은 문화적 상대주의의 관념을 전제로 한다. 즉 장애의 구성은 어떤 특정한 문화적 조건의 산물이라는 것이다. 어느 사회의 구성원이나 모두 각기 다른 차이를 가지게 마련이지만, 그들이 통합되거나 배제되는 정도는 그 차이에 대한 문화적 인식에 따라 달라지기 때문이다.

Priestley가 사회적 관념론에 대한 주요 이론적 근거로 든 '정상화' 이론에 대한 Wolfensberger(1992)의 접근법은 곧 '사회적 역할 가치화(Social Role Valorization: SRV)' 이론이다. 사실 그동안 사회적 모델의 장애 이론은 영국을 중심으로 한 이론이고, SRV는 미국을 중심으로 한 이론으로 각기 자국에서 보다 활발한 연구가 이루어지면서, 영국에서는 SRV에 대한 비판적 시각도 적지 않게 대두되어 온 것이 사실이다(Brown & Smith, 1992; Chappell, 1992, 1997, 1998; Walmsley, 2001). 또한 SRV는 주로 지적 장애 영역에서의 서비스에 공헌이 컸고, 사회적 모델의 장애 이론은 주로 지체와 감각 장애인들의 지지를 많이 받아왔다(Race et al, 2005). 그러나 근래에는 이 두 양대 이론에 대해서도 상호적 수용이나 교류와 조율의 여지를 탐색하는 논문들이 발표되는 것을 볼 수 있다.

SRV를 주요 이론적 근거로 제시한 사회적 관념론의 입장은, 작금의 포스트구조주의적 입장에서 '타자(Other)' 집단으로 인식되는 장애인의 부정적 심상(imagery)을 형성하여 사회적 배제를 유도하고 나아가 이를 유지하는 현실에서 문화적 재현과 매체가 중요한 역할을 한다는 시각을 포괄한다(Abberley, 1987; 1997; Barnes, 1991; 1996; Hevey, 1992; Shakespeare, 1994). 한 예로, 서적을 포함한 각종 문화 매체에서 장애(인)에 대해 낙인을 찍는 언어와 부정적 수사법을 사용하여 일반인들이 수용하기 어려운 부정적 심상으로 장애를 재현할 때, 그 사회의 문화는 장애를 만들고 장애인을 억압하는 문화적 이데올로기를 구성해가고 있다고 보는 것이다(Peters, 1996; Swain and Cameron, 1999). 포스트모더니즘을 사상적 기반으로 하는 영향력 있는 장애학자인 Shakespeare (1994)도 장애인에 대한 차별이 장애를 재현하는 문화적 측면에서의 편견과 연관되어 있다고 주장한 바 있으며, 또한 Riley(2005)도 이러한 문화적 재현과 문화적 권력이 팽팽한 등식 관계를 이루고 있음을 지적하고 있다.

Priestley(1998)가 장애 이론의 유형을 확장한 것은 사실상, 사회적 모델의 보다 광범위하고 포괄적인 해석의 여지를 주장함으로써, 장애 이론의 사회적 모델이라는 영국적 학통을 확고히 보강하고자 한 것으로 볼 수 있다. 최근 인종이나 젠더 등의 논의에서 빈번히 거론되는 '차이'에 관한 논쟁이 장애 담론에 적용될 때, 사회적 모델의 장애 이론이 그러한 논쟁을 수용할 수 있음을 그의 논문에서 명시적으로 주장하고 있기 때문이다. 또한 장애인에 대한 사회적 억압을 설명함에 있어서도 다양한 사회적 모델의 접근법이 유용할 수 있음을 분명히 하고자 하며, 장애인이 배제되는 방식을 설명하면서도, 사회적 구성주의자의 관점을 유용하게 적용함으로써 최근의 포스트모던한 담론으로 자주 거론되는 문화적 제국주의의 개념을 설명할 수 있다고 주장하기도 한다(90).

최근 장애학 연구가 활발해지면서 장애 이론과 장애의 재개념화를 위한 시도도 아울러 활발해져서 영국 학통의 사회적 모델에 대한 저항이 대두되는 것이 사실이다. 문화적 관점에서의 장애 재개념화를 주장하는 Gabel(2004)은, 사회적 모델로 장애인의 다양한 목소리를 모두 해석하려 드는 것 자체가 불가능하며 이는 포스트모더니즘 이전 '모더니즘의 장애 이론(modernist theory of disability)'이라고 질타하기도 한다. 그러나 그러한 Gabel(2004: 586)도 패러다임의 분명한 이동을 주장하기보다는 다양한 패러다임의 출현을 수용하는 '절충적 모델(eclectic model)'을 제시한다.

이렇게 오늘날의 장애학은 본질적으로 여러 학문 분야가 장애라는 공통의 주제를 향해 접근하는 학제적 연구이며 포괄적인 인간학이요 종합 학문으로 자리매김해가고 있다. 작금의 장애학 연구에서는 대체로 인문학적 접근법과 사회과학적 접근법이라는 두 가지 접근법 중의 한 가지 방법이 사용되기도 하고, 상이한 접근법이나 관점들이 상당히 근접하고 혼융되고 있기도 한데, 학자에 따라 어떤 접근을 하건 장애학은 다양한 학문 영역과 주제를 수용하고 결합한다(Wood, 2000).

현재 선진국에서 개설되어 운영되고 있는 교과목들을 살펴보면 장애학의 성격과 연구 방향이 잘 드러난다. 예를 들어, '지지 및 강화'라는 과목은 사회적 권리 도모를 배우는 인권운동 관련 교과이며, '사회적 약자로서의 차이와 차별의 역사'라는 과목은 사회의 비주류 세력으로 간주되어온 장애인의 역사를 해석의 중심에 놓고 공부하는 과목이다. 또한, '몸의 사회학'이라는 과목에서는 장애의 몸이 어떠한 사회적 의미를 지녀왔는가를 고찰하며, 이와 유사한 '몸의 시각화'라는 과목도 개설되고 있다. 문화적 접근이 보다 강화된 사례로

Linton(1998)은 '장애학 / 비장애학(Disability Studies/Not Disability Studies)'이라는 논문에서, 장애학의 기본 교양과목인 '장애의 사회심리적 측면(Social and Psychological Aspects of Disability)'이라는 자신의 강좌를 운영한 경험을 소개한 바 있다. 그는 이 강의 시간에 소설과 문학비평을 읽고 영화를 보면서 주요 쟁점과 이론을 강의한다고 소개하면서, 학제적 연구로서의 장애학의 성격을 논하였다.

나아가 교수들의 프로젝트 주제에서는 보다 과감하게 기존의 틀을 벗어나 영역을 확장해가고 있는 움직임이 나타난다. 전지혜(2005)는 '장애 예술'이라는 새로운 분야나 '장애 정체성 연구', '인종문제와 장애', 또는 '제3세계의 장애인' 등의 프로젝트를 소개하기도 하였다.

이러한 최근의 연구 동향에서는 인문학적 기반에서 장애를 연구하고자 하는 방향으로의 선회가 확연한데, 그에 따라 장애학의 입지와 범위도 예술, 영화, 문화, 역사, 법, 철학, 사회학, 여성학, 특수교육, 인류학, 사회복지 등 다양한 분야를 아우르게 된다. 바로 이러한 학문적 특성으로 인해 장애학은 미국과 영국 등을 중심으로 그 독자성과 가치를 높게 인정받고 있다(박승희, 9-10 참조).

아직 장애학이 제대로 자리매김하지 못한 우리나라에서는 기존의 근접·유사 분야에서 먼저 적극적인 개방과 수용의 입장을 취할 필요가 있다. 진취적인 입장에서 우리나라에 장애학을 소개하고 있는 학자들에 속하는 조한진(2006)은 장애의 사회·역사·문화적 분석을 위한 구체적 방법론으로, 장애를 둘러싼 사회적 통념과 고정관념, 미에 대한 가치관 등에 주목할 것을 요구한다. 그리고 김병하(2005)는 장애인과 비장애인의 차이를 오명화(stigmatization)하는 데 대한 도전이 바로 장애인 운동의 문화적 표현으로 나타나는 것이라고 지적한다.

이렇게 사회·역사·문화 등의 다각적 맥락에서 장애를 분석하는 연구에서는 전통적인 모델을 넘어선 진보적인 연구의 패러다임을 채택하게 된다. 그리고 이러한 연구가 원만히 이루어지기 위해서는 자연스럽게 문학, 예술, 사회학, 심리학 등 여러 학문 분야들의 접근법이 통합되는 양상이 나타나게 되는데, 이는 또한 포스트모더니즘 시대의 학술적·문화적 담론들의 특징이라고도 할 수 있다. 분야와 장르를 세분화하고 분석적인 틀에 기초하여 이루어지던 전통적인 서양의 연구방법론은 포스트모던한 해체적 접근법의 일반화로 인해 각 학문 분야에서 적지 않은 변화로 나타나고 있다.

5. 사회적 역할 가치화(SRV)와 자기결정(SD)의 순환적 함수관계

장애를 개인의 비극으로 보는 결정론적 관념의 퇴조는 시대정신의 변화에 수반된 인식의 변화로 인해 가능한 일이었다. 포스트모더니즘의 시대정신에 입각한 장애 재개념화에 기반하여 장애인의 사회적 정체성 확립이라는 과제는 아직 진행 중이다. 이제 장애인을 포함한 모든 개인이 존중받는 통합 사회에서는, 사회적 지지 기반 위에서 장애인의 보다 자유로운 개성과 의지가 인정될 수 있어야 한다.

장애인을 포함한 모든 개인의 사회적 위상과 자의적 삶이 사회적 맥락 속에서 수용되는 것은 개인의 차원을 넘어서 사회적 영역으로 확대되는 문제이다. 사람들로 하여금 서로 타인에 의해 인식되도록 하는 사회의 메커니즘은 인식자들에 의한 긍정적 평가도 부정적 평가도 가능하게 한다. 그런데 사람의 인식과정은 본질적으로 가치편향적이어서 서로에 대한 가치편향적인 평가가 자연스러운 지각의 피드백 과정에서 일어나게 된다.

Wolfensberger가 이러한 가치의 개념과 사회적 역할의 개념을 통합하여 북미식의 정상화이론으로 확립한 것이 사회적 역할 가치화 (SRV) 이론이다. Wolfensberger가 스웨덴의 Nirje로부터 이어받은 정상화 원리의 연장선상에서 미국적 이론으로 확립한 SRV 이론의 구체적 실현은 완전통합의 궁극적인 구현을 위한 방법론적 기제로 기능할 수 있다. SRV에서는, 가치편향적 인간의 인식 과정에서 장애인들이 긍정적인 사회적 가치를 부여받도록 하기 위해서는 가치 있는 사회적 역할을 획득하고 수호할 수 있도록 해야 한다고 주장한다 (Wolfensberger, 1992).

사회적 역할 가치화에 대한 Wolfensberger의 정의는 "가치 있는 사회적 역할을 부여하고 수립하며 강화하고 유지·방어해갈 수 있도록 하는 것"이다(Thomas & Wolfensberger, 1999: 125). 그런데 모든 사람이 사회적으로 긍정적 가치를 부여받지는 못하고 있는 현실 때문에 사회적 역할 가치화가 중요한 것이다(Kendrick, 1994). 이를 환언하자면, 사회적 역할 가치화의 주요 목표는 사회적으로 가치 있는 역할을 사회의 구성원들에게 창조해주거나 지원해주는 것이 된다(Osburn, 1998). 이 이론에서는 사회적 가치를 부여받게 되는 경우 양질의 삶을 위한 요인들을 접할 가능성이 훨씬 많아진다고 본다. 개인이 속한 사회의 기준과 자원 범위 안에서 사회는 가치 있는 역할을 부여받은 사람에게 거의 자동적으로 양질의 삶과 직결된 요인들을 전달하도록 구조화되어 있다는 것이다.

Goffman(1963)이 *Stigma*에서 말한 '훼손된 정체성(spoiled identity)'과 유사한 의미로 Wolfensberger(1992)는 '이미지 침식(image degradation)'이라는 표현을 사용하면서, 가치 부여는 인식자나 관찰자에 의해 이루어지는데, 가치의 기준이란 주관적이면서도 보수적인 측면이 있으며 또한 상대적이며 가변적인 것이기도 하다고 말한다. 사회적 역할이란 사회 제도 내에서 특정 위치를 차지하고 있는 개인의 특성 혹은 기대치를 의미하는 것으로, 이는 곧 개인의 정체성과도 연결이 된다. 개인이 사회적 역할에 부여하는 가치와 사회 전체가 부여하는 가치는 대체로 일치하는 경향이 있는데, 이는 개인의 인식이나 가치가 그들이 속한 사회적 맥락에 의해 형성되기 때문이다.

사회적으로 인식되는 가치의 문제가 특수교육 대상자를 포함하는 교육현장에서 의미를 가지게 되는 것도, 특수교육요구 학생이 사회적으로 형성된 부정적 심상의 낙인을 해소하고 가치 있는 존재로 인식되도록 지원하는 것이 곧 정상적인 학습권을 확보하도록 하는 일로 이어지기 때문이다. 장애의 재개념화를 사회적 체계이론에 비추어 연구한 Michailakis(2003: 209)는 "장애인으로 태어나는 것이 아니고 장애인으로 관찰되는 것"이라고 지적하면서, 이는 관찰이 절대적인 것이 아니고, 관찰자의 관점에 따라 상대적인 것임을 의미하는 것이라고 주장한다.

Thomas와 Wolfensberger(1994)에 따르면, 타인의 눈에 비치는 장애인의 사회적 가치와 이미지를 고양시키는 방향으로 휴먼 서비스가 이루어지도록 하기 위해서는, 장애인과 일반인들을 동일시하는 방식으로, 그리고 장애인에게 긍정적인 심상을 부가하여 긍정적 연상 작용을 일으키도록 하는 방식으로 서비스가 제시되고 해석될 수 있어야 한다고 한다. 장애인과 일반인을 동일하게 대하는 이 원리는 심리학적 연구의 결과와도 대체로 일치한다. 그런데도 많은 서비스들이 이 원리의 긍정적인 측면을 간과하고, 심지어는 이 원리와 정면으로 위배되는 방향으로 이루어지는 사례가 파다하게 많아서, 체계적이면서도 의도적으로 긍정적 심상화를 위한 노력을 기울이지 않으면 부정적인 심상을 만회하기 어려운 실정이라고 그들은 지적한다.

장애인이나 가치 박탈된 사람들에 대한 대중의 태도를 긍정적으로 변화시키기 위해서는, 일반인들이 가치박탈된 사람들과 스스로 동일시할 수 있을 정도의 서비스가 이루어질 필요가 있다. 그러기 위해서는, 기술적인 조작보다는 의식 있는 사람들을 향한 긍정적인 이데올로기의 확산이 훨씬 효과적으로 공헌할 수 있다. 그러나 진정으로 긍정적이고 대단히 의식적으로 고양된 이데올로기여야지만 긍정적인 인식과 태도의 개선에 효과적이라는 점이 가장 중요하다

(Thomas & Wolfensberger, 1994).

SRV는 경험에 기반을 둔 과학적 이론이며, 또한 경험적으로 기술에만 의존해서 휴먼 서비스의 목적을 달성할 수 없기 때문에, 도덕과 이론을 결합한 가치 있는 사회적 역할 강화가 효과적이다. SRV는 장애인의 삶의 질을 고려하여 구체적인 이론적, 실천적 접근 틀을 제시한 패러다임으로, 이러한 패러다임에 입각한 구체적인 연구와 서비스 기획이 앞으로 개발해 나가야 할 과제이다.

Osburn(1998)이 주장하는 사회적 역할 가치화의 전략은 크게 두 가지이다. 첫째는 타인의 눈에 비친 가치절하된 사람들의 사회적 이미지를 제고하는 것이다. 그리고 둘째는 넓은 의미에서 그들의 역량을 강화하는 것이다. 이미지 제고와 역량 강화는 긍정적일 수도 있고 부정적일 수도 있는 피드백의 고리를 형성한다. Thomas(1999)는 사회적 역할 가치화 전략이 실행될 수 있는 사회조직적 차원을 네 단계로 나누어, 개인-일차적 사회체계(가족 등)-이차적 사회체계(이웃과 지역사회 등)-사회 전체의 단계로 본다. 이러한 구도에서 그는 사실상 이차적 사회체계 이상에서 이루어지는 사회적 이미지 제고 전략을 중시하는 것으로 보이는데, 이 전략의 이행을 위한 세부적인 행동은 무수한 상상이 가능할 정도로 많다고 지적한다.

우리 사회에서 장애인 지원 등을 위한 휴먼 서비스 조직들은 일반적으로 그 자체가 평가절하된 역할을 부여받고 있는 경우가 많아서, 그 단체의 클라이언트에 대한 사회적 역할 가치화를 훨씬 더 어렵게 만드는 경우가 있다고 Bowman과 Weinkauf(2006)는 지적한다. 혹은 휴먼 서비스와 직결되는 문화 미디어에서 본래의 취지에 역행하는 이미지의 형성과 전달 방식을 취함으로써 가치절하를 심화시키는 예도 많이 있다. 한 예로 1977년 미국의 어느 텔레비전 프로그램에서는 "The Others"라는 제목으로 중증지체인을 보여주면서 심한 기형의 태아도 함께 보여주었던 경우를 Thomas와 Wolfensberger(1982)는 소개한다. 이러한 심상은 지체인에 대한 부정적인 이미지를 일반인들에게 각인시키는 경향이 있다는 것이다. 가령 "The Others" 대신에 "Just Like Us"라는 제목을 달고, 지체인이 생산적인 일을 하고 있는 광경이라든가, 장애아동이 일반 아동과 함께 (맥도날드가 아닌) 멋진 식당에서 식사를 하거나 가족 파티를 하는 광경 같은 것을 보여주는 긍정적 동일시를 시도하는 대안도 가능하다는 것이다. 사람들은 긍정적인 정신적 연상작용을 일으키는 존재에 끌리게 되므로, 장애인에게 긍정적인 심상을 부가하여 긍정적 연상작용을 일으키도록 하는 방식으로 서비스가 제시되고 해석될 수 있어야 한다고 그들은 주장한다. 그리고 긍정적인 대중의 인식 향상을 위해서는, 가치박탈된 사람들과 관련된 극단적으로 긍정적인(extremely positive) 이미지를 창출하도록 하는 것이 필수적인데, 이를 위해서는, 의식 있는 사람들을 향한 긍정적인 이데올로기의 확산이 훨씬 효과적으로 공헌할 수 있다고 한다(Thomas & Wolfensberger, 1982).

Osburn(1998)은 또한 가치절하된 개인이나 집단, 혹은 계층이 사회의 여타 구성원들로부터 부당한 처우를 받고 또한 부당한 경험을 하게 되는 구조적 유형을 여섯 가지로 나누어 제시한다. 첫째는 부정적 가치라는 차이로 인한 일탈로 간주되는 것이고, 둘째는 지역 사회나 가족에게까지도 거부되는 것이며, 셋째는 대단히 부정적인 사회적 역할이 부과되어 공포스러운 존재나 사회적 부담으로까지 인식되는 것이다. 넷째는 사회로부터 물리적 거리를 두어야 하는 경우로서 흔히 격리되는 것이다. 다섯째로는 부정적 이미지가 형성되는 것이고, 마지막 여섯째는 함부로 마구 대해도 되는 대상으로 전락하는 것이다.

SRV 이론에서는 사회적 가치의 평가 절하를 개인에게 장기적인 영향을 미치는 치명적 경험과 동일한 것으로 간주한다. 개인과 개인은 사회에서 서로를 필요로 하는 호혜적인 관계를 형성하면서 동시에 서로가 가장 상처를 주고 또한 상처를 받기 쉬운 존재로 공존한다. 나아가 사회는 공익적 가치의 구현이라는 대의명분하에 개인의 희생이라는 대가를 수용하는 예외적 상황을 감수하기도 한다. 이러한 사회 구조 속에서 특히 사회적 가치가 절하된 사람이나 집단의 경우에는 사회적 상호작용 과정에서 일방적으로 타의에 의한 부정적인 조건을 수용하도록 묵시적으로 강요당할 가능성이 많다. 이렇게 사회적으로 가치 절하된 개인이나 집단의 처지에 대한 의식을 고양하여 사회 구성원 모두의 삶의 질 향상을 도모하고자 하는 것이 사회적 역할 가치화이다.

북미와 유럽의 경우 최근 연구 사례에서도, 특히 지적장애인들의 경우 사회적 통합의 어려움이 보고되고 있다고 한다. 바로 이 사회적 통합이라는 난제를 분석하는 데 있어 SRV가 유용한 통찰을 제공할 수 있다고 Lemay(2006)는 주장한다. Wolfensberger의 이 이론은 지난 수십 년간 여러 나라에서 지적장애 서비스의 상당한 긍정적 변화를 이루어낸 것으로 평가받고 있다(Flynn & Lemay, 1999; Race, 1999).

장애인을 비롯하여 사회적으로 가치 절하된 개인이나 집단은 사회적 상호작용 과정에서 인간으로서의 자유 의지를 침해 당하는 상황으로 내몰리는 경우가 허다하다. 그러한 경우 장애인의 자기결정력은 인식자들의 임의적 평가 기준에 의해 좌우됨으로써, 일방적으로 타의에 의한 부정적인 조건을 수용하도록 묵시적으로 강요당할 가능성이 많은 것이다. 평등한 기회와 선택의 질이 확보되느냐의 문제는 사회적 가치에 대한 인식과 맞물려 있는 것으로, 사회적 역할 가치화는 자기결정과 서로 상통하는 순환적 함수관계에 놓이게 된다.

자기결정은 이제 특수교육과 장애인 지원 분야에서 보편적으로 용인되는 개념으로 확고히 자리잡고 있다(Agran & Hughes, 2006). 미국의 연방법규는 이미 교육이나 재활에서 자기결정을 과정(기술과 지원)이자 결과(목표와 수행)로서 일상활동 프로그램에 포함시키도록 규정하고 있다(Agran, 2006). 그리고 나아가 자기결정 기술 교수와 그에 따른 결과적 개선에 대한 연구 보고도 계속되고 있다(e. g. Wehmeyer, 2003; Agran, King-Sears, Wehmeyer, & Copeland, 2004; Wood, Fowler, Uphold, & Test, 2006). 그런데 이렇게 자기결정에 모아지는 전문가들의 관심에도 불구하고, 작금의 무한경쟁 시대에 장애인의 자기결정권이 얼마나 현실적으로 실현되고 있는가에 대해서는 대답이 쉽지 않다.

자기결정 이론(Self-Determination Theory: SDT)의 핵심은 모든 인간이 자기결정 의지와 능력을 지니고 있으며 기본권으로서 자기결정권을 가진다는 사실이다. 시대정신의 역사적 변천은 모든 인류에게 인권 차원에서의 자결권을 행사하도록 담보하는 방향으로 이루어져왔고, 이는 정치·경제·사회·문화의 모든 영역에서 인간의 자기 선택 범위를 확장시키는 결과로 이어졌다. 지난 세기에 국가적·민족적 차원의 자결권 행사가 역동적으로 이루어져 지구촌 세력 구도의 재편이 이루어졌다면, 금세기에는 개인 차원의 자기결정권의 실현이 극대화될 것으로 기대해볼 수 있다. 그리고 이때의 개인이란 남 / 녀, 흑인 / 백인, 동양 / 서양, 고급 문화권 / 대중 문화권, 그리고 장애인 / 비장애인 등 지난 시대에 이항대립적인 위치에 있었던 집단의 구성원 모두를 포괄하는, 경계가 해체된 포스트모던한 의미의 모든 개인들이다.

자기결정의 구인(construct)은 인간의 자유 의지와 결정론에 관한 오래된 논쟁으로부터 찾을 수 있다. 17세기 영국의 철학자 John Locke는 인과론에 따른 신학적 결정론을 인정하면서도 인간의 행동에는 자유 의지가 수반된다는 사실을 동시에 인정하였다. 수 세기 동안 철학적 논쟁의 기본이 되었던 '자유 의지의 문제(free will problem)'는 바로 자기결정의 근원적 구인이며, 이를 처음으로 인정한 사람이 Locke였다(Wehemyer, Abery, Mithaug, & Stancliffe, 2003).

19세기 말 Darwin의 진화론을 거쳐 20세기에 접어들면서는, 과학의 발전과 새로운 이론들의 출현으로 자기결정과 관련한 신학적 결정론에 대한 관심이나 철학적 논쟁은 줄어들었다. 대신 심리학이나 생물학의 이론들을 통해 인간의 행동과 관련한 연구가 많이 이루어지면서, Freud 등의 심리학 이론이나, 유전-환경 논쟁 등의 생물학적 / 환경적 결정론 등이 조명을 받게 되었다. 그러던 중 20세기 중반에 Angyal(1941)이 살아있는 유기체의 본질적인 특성은 자율성이라는 주장을 제기하였다.

20세기 후반에 Deci와 Ryan은 내적 동기화와 자기결정의 함수를 주장한 인지적 평가 이론(Cognitive Evaluation Theory)을 제시하기에 이른다. 그들에 따르면, 사람은 자기결정의 내적 욕구가 있으며, 도전에 응하고자 하는 내적 욕구가 있다고 한다. 그리고 또한 사람은 근본적으로 능동적인 유기체여서, 도전을 극복하며 겪은 경험을 일관된 자의식에 통합시킴으로써 정신적인 성장과 발전을 기하려는 성향이 있다는 것이다(Deci & Ryan, 1985).

그런데 Deci와 Ryan에 따르면, 이러한 인간의 경향성은 자동적으로 발휘되는 것이 아니고, 지속적으로 이러한 성향을 배양하면서 효과적으로 기능할 수 있도록 사회적 환경으로부터의 지원이 이루어져야 한다고 말한다. 즉, 능동적 유기체로서의 개인과 사회적 맥락이라는 환경 간의 관계는 자기결정이론의 구체적인 실현과 활성화에 있어서 근간이 되는 것이라고 볼 수 있다. 이들에 따르면, 감정적 요인들을 고양시키는 사건은 내적 동기화를 촉진시키고, 반대로 감정적 요인들을 저하시키는 사건은 내적 동기유발을 감소시킨다고 한다(Deci & Ryan, 1985).

이후의 연구에서 Ryan과 Deci(2000)는 자기결정에 있어서 사회적 상황을 더욱 중요한 변수로 보아, 자연스러운 동기화 과정을 촉진시킬 수도 있고 방해할 수도 있는 사회맥락적 조건에 대한 연구 필요성을 강조하였다. 특히 내적 동기화와 사회적 발달, 그리고 웰빙을 연관 관계로 보면서, 실제로 즐거운 일이 얼마나 많으며 흥미로운 활동에 얼마나 많이 참여하는가 보다는 자신의 삶에 대해 스스로 내리는 정신적·정서적 평가인 주관적 웰빙(subjective well-being)이 중요하다고 주장한다. 그들은 주관적 웰빙을 어떻게 측정할 것이며 행복의 척도와 연결시킬 수 있는지에 대한 연구가 최근에 이루어지고 있다고 하면서, 사회도 주관적 웰빙에 중요성을 부여할 필요가 있다고 결론짓는다.

자기결정이라는 용어가 특수교육학 분야에 처음 소개된 계기 중의 하나는 National Institute for Disability and Rehabilitative Research가 후원한 1989년의 National Conference on Self-Determination에서라고 한다. 그 이전에는 주로 자기통제나 자기관리라는 용어가 유사한 의미로 많이 쓰였다(Turnbull & Turnbull, 2006). 일반적으로 자기결정의 특수교육학적 개념은 장애학생이 자기주도적 문제 해결자가 되도록 가르치는 교육과정을 의미한다.

특수교육에서 자기결정력의 신장을 위한 노력이 강조되면서 여러 학자들이 다양하게 자기결정에 대한 정의를 내린 바 있다(e. g., Ward, 1988; Mithaug, Acmpeau, & Wolman, 1992; Martin, Marshall & Maxon, 1993; Field & Hoffman, 1994; Wehmeyer, 1996). 그리고 이후에 여러 학자들이 목소리를

모아 여러 관련 개념들이 보다 집약적으로 표현된 자기결정은 목표지향적이고 자기조절적이며 자율적인 행동이 가능하도록 하는 기술과 지식과 신념의 결합체라는 요약 정의(Field, Martin, Miller, Ward, Wehmeyer, 1998)를 내놓기도 하였다.

각기 조금씩 다른 각도에서 바라본 자기결정에 대한 각자의 정의에 준하여 학자들은 자기결정력의 신장을 위한 프로그램을 내놓기도 하고, 자기결정력의 향상을 위한 요소들을 점검하기도 하며, 여타의 지원을 논하기도 한다. Field와 Hoffman(1996)은 장애인의 주체적 삶을 위한 자기결정력의 신장을 도모하고자 Step to Self-Determination 프로그램을 개발하고 교육적 지원을 구체화하였고, 학생의 긍정적인 성인기 진입을 위해 자기결정이 중요하다는 증거도 제시되었으며(Wehmeyer & Schwarts, 1997), 학생의 자기결정력 증진을 위한 교수법과 교재들 또한 제시되었다(Agran, 1997; Field, Martin, Miller, Ward, & Wehmeyer, 1998). 자기조절적 문제해결과 학생주도적 학습에 기초한 자기결정 학습을 위한 교수모형도 제시되었고(Wehmeyer, Palmer, Agran, Mithaug, & Martin, 2000), 장애학생의 일반교육과정 접근을 용이하게 하기 위한 연구도 이루어졌다(Palmer, Wehmeyer, Gipson, & Agran, 2004).

그런데 Agran(2006)은 10년 이상 학생의 자기결정 증진을 위한 노력이 활발히 전개되고 있지만 자기결정기술과 아울러 관련된 여타 기술을 교수할 능력이 있다고 느끼는 교사가 결코 많지 않은 현실을 지적하면서, 조사 대상 교사 중 상당수가 학생들에게 자기결정 증진 기술을 교수할 준비가 되어 있지 않은 것으로 나타난 비교적 최근의 보고 사례(Last, Mason, Field, and Sawilowsky, 2004)를 인용하고 있다. 그는 자기결정기술 증진을 위한 많은 교재가 있음에도 불구하고 이를 실천하지 않는 데는 다른 어떤 이유들이 있을 것이라고 추정한다.

이렇게 자기결정기술의 교수가 활성화되지 못하고 있는 현실을 분석하면서 Wehmeyer(2006)는 자기결정의 정의와 관련한 데서 그 이유를 찾고 있다. 용어 사용과 개념 부여의 관례와 전통으로 인해, 자기결정은 주로 통제(control)의 개념으로 인식되어온 측면이 있으며, 그에 따라 지원도 대체로 통제를 유도하는 쪽으로 이루어지고 있다는 것이다. 그런데 자기결정과 관련된 자율성이나 통제력을 갖춘다는 것은 장애인에게 어려운 일이라고 대부분의 교사나 서비스 제공자들이 생각하므로 자기결정력을 증진시키려는 노력이 저해될 수밖에 없다고 말한다. 그런데 자기결정은 기본적으로 개인의 내적 가치(intrinsic value)를 존중하는 것이며 또한 개인의 내적 가치 위에서 형성되는 것으로, 이를 통해 교육과 성인기로의 전환에서 개인이 보다 성공할 수 있도록 돕고자 하는 것이다(Field et al, 1998). Wehmeyer는 자기결정이 통제의 문제라기보다는 의지(volition)의 문제라고 말하며, 정의적 수정과 그에 따른 교수적 수정과 활성화를 도모하고자 한다. 그리고 "자기결정적 행동이란 자기 삶의 주체로서 행동하고 삶의 질을 개선하고 유지할 수 있도록 하기 위한 의지적 행동을 말한다"고 정의한다(Wehmeyer, 2006: 117).

이와는 조금 다른 시각에서 Mithaug(2006)는 자기결정과 관련해서 중요한 것은 정의의 문제보다는 선택의 기회를 제공하는 보다 나은 방법을 개발하는 것이라는 대안을 제시한다. 여기서 더 나아가 Ward(2006)는 기회의 제공을 통한 교수적 결실을 보다 적극적으로 주장하며, 이율배반적인 사회의 태도에 대해 비판적 견해를 제시한다. 또한 Powers(2006)는 사회적 저항을 가장 큰 문제점으로 지적한다. 그에 따르면, 자기결정은 사실상 우리가 장애라고 부르는 것에 대한 구조적 정의에 정면으로 도전하는 것이다. 왜냐하면, 자기결정은 전통적으로 자기결정을 할 능력이나 기회가 부인되어온 사람들의 선택과 결정과 능력을 인정하고 존중하도록 도전하는 것이기 때문이다(Powers, 2006).

또한 Mithaug(2006)는 중요한 것은 정의의 문제가 아니라, 중증장애인에게 제공되는 선택의 질이라고 말하면서, 선택의 기회를 제공하는 보다 나은 방법을 개발해야 한다고 지적한다. 기회에 비례하여 능력도 증진될 수 있다는 것이다. Ward(2006)도 Mithaug와 비슷한 견해를 제시한다. 자기결정의 교수적 결실을 위해서는 기회의 제공이 필요함을 지적하면서, 그는 개인에 대한 관심과 선호가 수반된 기회의 제공을 주장한다. 아울러 그는, 자율성과 독립성을 부여하고자 하는 움직임과 동시에, 보호적 환경과 서비스를 제공하고자 하는 이율배반적인 사회적 태도를 문제점으로 지적하기도 한다.

특히 Powers(2006)는 현실적으로 자기결정에 우선권이 주어지지 않는 전통적 관행의 원인으로, 낙인과 공포와 무관심에 기초한 사회적 저항을 지적한다. 특히 중증이 아닌 경도장애학생들이 체계적으로 자기결정 교수를 받지 못하고 있다는 몇몇 연구보고(Mason et al., 2004; Thoma et al., 2002; Wehmeyer et al., 2002)는 자기결정의 교수나 실행과 관련한 문제점이 장애의 정도에 있는 것이 아니라는 반증으로 본다.

이러한 상관관계를 고려해볼 때, 자기결정권 확립을 위한 역사적 움직임에서, 비장애인을 배제하고 장애인들 사이에서만 이루어지는 운동이나 의식적 고양을 불러일으키지 못하는 움직임이 문제점으로 지적된 것(Chamberlin, 1990)은 당연한 일이다. 또한 같은 맥락에서, 역량강화란 장애인 본인 차원에 머무는 일이 아니고, 사회적 역량강화와 또한 시민적 역량강화와 함께 병행될 때 의미있는 것이라는 견해도 상기해볼 가치가 있다(Ralph, 2000).

기회평등이론(Equal Opportunity Theory)을 제시하면서 Mithaug (1996)는 자기결정권을 사회에서 행사할 기회에 초점을 맞추어, 과연 모두에게 공정하게 자기결정권을 행사할 기회가 제공되고 있는가에 대해 사회의 책임을 묻고 있다. 그리고 사회적 정책 차원에서 빈곤층이나 유색인종, 그리고 장애인들에게 평등한 기회를 제공할 방법에 대해 기술하고 있다. 그는 철학적·심리적 기조 위에서, 신체적·정신적·사회적·경제적 불리를 지닌 사람들의 경우, 권리와 자기결정의 표현이 불일치의 관계에 있음을 적시하고, 경험적이며 역사적인 토대 위에서 이론을 전개해간다. 그에 따르면, 이러한 불일치는 그 자체로서 장애나 빈곤, 혹은 여타의 차별을 자주 경험하는 소수자 집단의 구성원에게 부가되는 가장 큰 '불리'일 수도 있다. 그는 사회적 상황을 통제할 수 없는 소수자 집단의 구성원들이 겪는 이러한 불일치를 해결할 이론으로서의 기회평등이론은 개인의 역량이라는 문제와는 차이가 있음을 보여준다. 따라서 Mithaug는 그의 기회평등이론이 학제적 연구를 필요로 하는 복합적인 주제를 다루고 있음을 인정한다.

현대 특수교육의 지향점인 개별화와 완전통합은 일견 이율배반적으로 보일 수도 있는 두 가치의 조화를 모색함으로써 개인과 사회 구성원 모두가 동시에 삶의 질을 제고할 수 있도록 하려는 것이다. 이와 유사하게 자기결정권의 실현에 있어서도, 개인의 자의적 선택을 최대한 권장하면서 동시에 사회적 맥락에서의 조화가 강조되고 있다. Deci와 Ryan(1985)은 일찍이 자기결정이론에 대해, '사회적 맥락 내에서' 인격을 개발하고 개성을 발휘하는 일과 관련한 동기화를 연구하는 이론이라고 정의함으로써, 자기결정과 사회적 맥락의 연관성을 분명히 한 바 있다. 또한 Bandura(1977)의 자기 효율성 이론에서도, 개인의 선택과 결정이 사회적으로 인정될 때 자기효율성의 증대를 기대할 수 있고, 이는 또다시 자기결정력의 신장으로 이어짐을 강조하고 있다. Mithaug(1996)도 그의 기회평등이론에서, 빈부나 인종, 그리고 장애의 여부와 관계없이 모든 사람에게 공평한 자기결정권의 확보와 관련한 포괄적인 사회의 책임을 물음으로써, 자기결정권의 실현을 위한 정책 차원의 사회적 지원을 주장하고 있다.

특수아동교육 관련 미국 최대 학회인 CEC(Council for Exceptional Children)의 DCDT(Division on Career Development and Transition)는 1998년의 Position

Statement에서 자기결정과 관련한 미래의 연구과제로, 자기결정의 실행이 현실적으로 어렵다는 점을 보다 폭넓은 대중에게 인식시키는 일을 꼽은 바 있다(Field et al, 1998). 자기결정과 관련한 연구자들의 과제가 이제는 특수교육 내부의 관계자 범주 이상의 주제로 확대될 필요가 있음을 뜻하는 것이다. 현대사회에서 개인과 사회의 유기적 관계는 생태학적 환경의 설정과 직결되는 주요 변수로 작용하고 있다. 특수교육 외적인 정치・사회적인 요인들이 특수교육에 영향을 주어온 것 이상으로, 이제 특수교육적 담론들이 과감하게 경계를 허물고 전 사회를 향하여 쟁점을 부각시키고 논의의 장을 넓혀갈 필요가 있다.

Turnbull(2002)은 현대 특수교육에 있어서 주요 연구 주제로 자기결정과 삶의 질이라는 문제를 들면서, 장애아 지원에 대한 과거의 패러다임이 '장애인의 교정'이었다면, 새로운 패러다임은 '다양한 환경의 교정'이라고 지적한다. 또한 근래 교육자들의 책무성은 표준화검사를 통한 교육적 결과의 평가에만 초점이 맞추어지고 있으나, 장애학생에게는 교육적 결과의 측정만으로는 충분하지가 않다고 지적한다. 그리고 IDEA 등의 장애 관련 주요 입법도 교육적 결과를 위한 책무성뿐 아니라 장애학생의 결과적인 삶의 질과도 관련이 있음을 강조한다. 따라서 교육이 삶의 질의 성취와 조화를 이루어야 하며, 이러한 조화가 정책 차원에서 나타남으로써 교육자들이 관심을 가지고 삶의 질이라는 문제를 교육과정에 포함할 수 있도록 해야 한다고 역설한다. 따라서 앞으로의 연구는 장애와 지원의 개념적 결합에 초점을 맞출 필요가 있음을 언급하고 있다.

장애 학생들이 일련의 교육과정을 거치면서 어느 정도 자기결정 기술을 습득하고 사회에 진출함으로써 특수교육이 실효를 거둘 수 있을 것으로 기대하지만, 사회에서의 환경적 지원이 적절하지 않다면 결과적인 삶의 질은 기대 이하일 수밖에 없다. 장애 학생들의 자기결정력 신장과 더불어 반드시 사회적 역할 가치화가 병행되었을 때 비로소 신장된 자기결정력이 현실적으로 발휘될 수 있고, 궁극적으로 장애인과 비장애인 모두의 삶의 질 향상에 기여할 수 있게 된다. Turnbull의 지적처럼 자기결정과 관련해서도 환경적 교정이 필요하다는 것이다. 성별이나 문화권, 혹은 집단의 속성을 막론하고, 인간의 자연스러운 심리적 발달 욕구에 저해되는 요인들이 사회적 맥락에서 접하여 충돌을 일으키게 되면, 자기결정을 위한 동기화의 과정에서 부정적인 변수로 작용할 것은 자명하다. Turnbull의 주장인 장애와 지원의 개념적 결합이란 바로 이와 같은 경우에도 적용될 수 있는 의미인 것이다.

김정권과 김혜경(2001)은 다양한 자기결정 이론과 모형을 비판하는 논문에서, 자기결정 이론과 모형을 각각 네 가지 유형으로 분류하여 분석한 후, 대부분의 이론에서 강조되는 공통점으로, 자기결정력의 개발을 위한 환경의 중요성, 즉 개인과 환경의 상호작용을 강조하는 것으로 결론을 맺고 있다. 이 연구에서 연구자들은 또한 "인간주의적 입장에서" 접근한다는 것을 전제로, "인간 실존은 사회적 관계에서 개인의 선택과 결정이 이루어질 때 의미롭다"는 것과, "개인의 결정에 대해 사회나 교육이 이들을 지원하여야 한다"는 가정에 기초하여 연구가 진행됨을 밝히고 있다(3).

앞서 소개한 Mithaug(1996)의 기회평등이론에서는 자기결정권을 사회에서 행사할 기회에 초점을 맞추어, 자기결정권과 관련한 사회의 책임을 물으며 사회적 정책 차원에서 장애인들에게 평등한 기회를 제공할 방법에 대해 논하였다. 신체적·정신적·사회적·경제적 불리로 인해 사회적 상황을 통제할 수 없는 소수자 집단의 구성원들이 겪는 문제를 해결하기 위한 학제적 연구의 필요성을 인정한 것이다. 또한 내적 동기화 과정에서 부정적인 변수가 사회적 맥락에서 충돌할 경우 자기결정에도 부정적인 영향을 미치는 결과로 이어진다는 Deci와 Ryan(1985)의 주장에서도 자기결정과 사회적 역할 가치와의 순환적 함수관계를 읽어낼 수 있는 등, 여러 학자들이 제시한 이론들이 이러한 현실적 맥락을 공유하고 있음을 알 수 있다.

자기결정의 특수교육적 함의를 인식하고 자기결정력의 신장을 위한 구체적 모형을 개발하고 나아가 보다 실천적인 다각도의 사회적 준비를 모색하는 학자들의 견해가 농축된 궁극적 대안으로서 사회적 역할 가치화와 자기결정의 함수를 제시해볼 수 있다. 여러 학자들의 여러 구체적인 담론들이 SDT라는 메타이론을 형성하는 것과 유사하게, 자기결정의 현실화를 위한 여러 대안 담론들에 대해서도 SRV가 메타이론적인 위상으로 자리매김할 수 있다. 자기결정이론과 사회적 역할 가치화의 조화는 곧 장애와 지원의 개념적 결합이기 때문이다. 장애로 인한 가치절하와 자기결정의 박탈, 그리고 부당한 사회적 인식과 장애인의 고립 등은 자기결정과 사회적 역할 가치화의 함수관계를 반증하는 것이다. 사회적 역할 가치화는 자기 결정의 출발점인 민주적 가치에 대한 위험한 범사회적 도전을 원천 적으로 예방하는 것이며, 공존하는 사회적 삶의 질을 제고하는 것 이다.

6. 개념과 용어 돌아보기:
장애 용어와 담론의 사회정치적 함의

시대정신의 변천에 따라 장애를 명명하는 용어 및 장애 담론도 변화를 거듭해오고 있다. 이러한 용어의 변화 추이나 담론의 전개 와 확산 과정에서는 장애인을 둘러싼 총체적인 사회정치적 환경이 큰 영향을 미치며, 이러한 맥락에서 장애 용어와 장애 담론은 자연 스럽게 사회정치적 함의를 지니게 된다.

최근 정신지체라는 용어가 지적장애로 대체된 국제적 추세도 이 러한 함의를 드러내는 대표적인 사례이다. 우리나라에서는 심신장 애자복지법 제정 당시 사용했던 정신박약이라는 용어가 1989년 장 애인복지법으로 개정되면서 정신지체로 대체되었고, 2007년 10월 시행규칙의 개정으로 이제는 지적장애라는 용어를 사용하고 있다.

미국에서는 2010년 8월에 Rosa's Law라는 이름의 법안이 미국 의 회를 통과하였다. 이 법안의 이름이 된 Rosa라는 다운증후군 소녀의 오빠인 Nick Marcellino는 메릴랜드 주 의회에서 "사람을 칭하는 용어가 곧 그 사람을 대우하는 방식이며, 자신의 여동생이 '지체되었다'고 믿는다면 이는 곧 그녀에게 악의적인 낙인을 찍게 되는 것"이라고 증언하였다(Tomasulo, 2015). 수십여 년 전 정신박약이 정신지체로 변화했을 때처럼, 이번에도 보다 긍정적인 변화의 필요성 때문에 정신지체는 지적장애라는 용어로 대체되었으며 이는 현재 세계적인 추세이다.

우리는 정치적·사회적 스펙트럼과 휴먼서비스의 조직과 체계, 그리고 교육적·전문적 실제라는 여러 영역에 걸쳐 다양한 변화를 목도하는 시대에 살고 있다. 지적장애를 포함한 특수교육 및 장애인 복지 분야가 근래에 보여준 이러한 변화의 양상 또한 어느 분야 못지않게 괄목할 만한 것이었다.

지적장애의 경우만 하더라도, 2010년에 AAIDD는 정의·분류·지원 체계 11판을 출간하였고, 이어서 2012년에 사용자 지침서를 아울러 출간하였다. 둘 다 지적장애인의 명명, 정의, 진단, 분류, 그리고 지원계획과 관련한 최선의 실제에 관한 최근의 동향을 반영하고 있다. APA도 2013년에 *DSM-5*를 출간함으로써 이러한 변화를 확인하였고(Schalock and Luckasson, 2013), WHO도 2015년에 *ICD-11*을 출간 하여 이러한 변화의 추세에 동참하였다.

이러한 일련의 논의들은 분류의 규칙과 명명의 관습에서 나타나는 미묘한 이동이라는 것 이상의 의미를 포괄한다는 점을 주목할 필요가 있다. 분류의 규칙과 명명이라는 이 두 맥락은 분명하면서도 복잡하게 얽혀 있다. 심리학자 Estes(1996)는 분류에 대한 그의 분석에서 개념적으로 구분되는 두 가지 인지 과정의 중요성을 주목하였다. 그 두 과정 중의 하나는 어떤 대상이나 사람들을 함께 집단화하는 데 적용하는 규칙이고, 다른 하나는 그들이 속한 집단의 기반에서 각각에게 속성을 부여한다는 것이다.

또한 Jenkins(1998)는 우리가 장애를 분류하는 방식을 통해 소통되는 사람들에 대해, 우리가 존재론적 위상을 부여하는 것으로 보는 형이상학적 견해를 제공한 바 있다. 다시 말해, 그러한 분류의 과정을 통해 범주화되고 명칭이 부여되게 되면, 이는 그 사람들에 관한 어떤 진실을 전달하는 역할을 하게 되며, 결과적으로 정의하고 명명하는 것은 사실상 인간 조건에 대한 판단이 된다는 것이다. 명명에서 중요한 문제는 상황이 알려지는 방법과 개인에게 부여되는 용어(Gabel, Cohen, Kotel, and Pearson, 2013)라는 지적도 바로 이와 맥락을 같이 하는 것이라 할 수 있다.

Luckasson과 Schalock(2013)이 지적한 바와 같이, 어떤 용어로 명명하건 그 용어를 사용함에 있어 개인적이고 사회적인 맥락을 고려해야 하고, 의도한 의미와 수용 의미를 고려해야 하며, 또한 그 용어와 관련한 소유와 권력이라는 차원에서의 사용에 대한 진지한 고려가 있어야 한다. 이러한 고려는 바로 장애에 대한 용어의 선별과정이 많은 위험을 감수할 수 있음을 의미하는 것이기도 하다.

근래에 많은 학자들은 교육이 구성원들의 말과 행동을 다스리는 권위와 권력을 포함하는 정치적 과업이라는 견해를 밝힌 바 있다

(Freire, 1997; Giroux, 1992; McLaren and Jaramillo, 2007). 교육에서 특히 장애 연구를 논한다는 것은 "정치적·사회적 영역에서 장애를 맥락화하고, 장애인들에게 평등한 참여의 기회와 사회적 정의를 증진시키고자 하는"(Conoor, Gabel, Gallagher, and Morton, 2009: 448) 입장을 취하는 것이다. 여기서 맥락은 인간의 삶과 인간기능을 구성하는 종합적 환경을 통칭하는 개념으로서, 개인의 삶에서 독립적이면서도 중재적인 변인으로 작용하는 것이다. 독립변인으로서 인간기능은 연령이나 문화, 언어, 인종, 성별 그리고 가족 등 일반적으로 조작되기 어려운 개인적 환경적 특성의 영향을 받는다. 또한 중재적 변인으로서의 인간기능은 개인이나 가족의 기능을 고양시키도록 조작될 수 있는 조직과 체계 및 사회 정책의 영향을 받는다(Luckasson and Schalock, 2013).

일련의 공적인 합의 과정을 거쳐 명명된 용어는 복잡하게 다변화하는 정치적·사회적 환경과 더불어 자연스럽게 장애인의 사회적 정체성 형성에 영향을 주게 된다. Rapley(2004)는 이러한 장애인의 정체성에 대해, 물질적이고 사회적인 공간에 위치하여 정치적 함의를 생성해내는 범주적 속성이라고 칭하며, 일단 형성된 "사회적 정체성이란 마치 핸드백과도 같이 사람들이 들고 다니는 생활용품일 뿐만 아니라, 인간관계를 결정지어주기도 하는 고착적인 것"(112)이 될 수 있다고 지적한다. 이는 곧 지적장애가 사회적으로 구성된 정체성이라는 의미에 다름 아닌 것이다(Gabel, Cohen, Kotel, and Pearson, 2013).

Gray(2001)는 장애인의 삶에서 그를 둘러싼 '보통사람들'의 중요성을 아무리 강조해도 지나치지 않는다고 지적한다. 여기서 보통사람들이란 장애인을 둘러싼 총체적인 사회정치적 환경, 즉 맥락이라는 개념과 상통하는 것이다. 사회가 장애인을 명명하는 용어나 그와 함께 부과하는 정체성은 당시의 사회적 담론과 맥을 같이 하며 그에 따른 사회정치적 함의를 지닌다.

우리나라의 경우, 장애인복지법에서는 이미 지적장애라는 용어를 사용해오고 있지만, '장애인 등에 대한 특수교육법'에서는 최근에 와서야 정신지체를 지적장애로 대체하였고, 특수교육계에서 사용하는 교과목명 등도 공식적으로는 최근에 와서야 대체되었다. 생각하기에 따라서는 교육 분야에서 선도적으로 전향적인 용어를 채택하지 않은 점이 의아하게 여겨질 수 있는 대목이기도 하다. 미국의 경우에는 이제 지적장애라는 용어를 주로 사용하게 되었지만, 장애의 사회적 개념이 일찍이 정착된 영국 등의 교육에서는 굳이 장애를 구분해서 명명하려는 일도 멀리하려는 추세이다. 지구촌을 아우르는 담론의 확산이 보다 역동적이고 전향적인 담론의 생성으로 이어질 수 있는 시점에서, 장애를 명명하는 용어와 장애 담론이 갖는 사회정치적 함의를 고찰해보는 것은 작금의 시대적 명제인 진정한 통합사회의 구현에 일조하는 일이 아닐 수 없다.

다양한 장애의 분류와 명명이 있지만, 대표적으로 지적장애와 관련한 용어의 변화에서도 민감한 사회정치적 함의를 읽어낼 수 있다. 특히 지식기반사회나 지식과 정보의 사회라는 별칭으로 불리곤 하는 최근에 와서 이 용어는 변화의 필요에 직면한 경우라고 할 수 있다. 그동안 기존의 정신지체보다는 지적장애라는 용어를 선호하는 현상이 공공 정책과 지원전달체계 및 학계 등에서 국제적으로 증가해오고 있었다. 미국은 Rosa' Law에 의해 연방법령(공법 111-256)에서 정신지체라는 용어를 지적장애로 대치하도록 합법적으로 정한 국가에 속하고, 앞서 지적했듯이, APA의 *DSM-5*나 WHO의 국제 질병분류 개정판(*ICD 11*)의 경우에도 이러한 시대적 요구를 반영하고 있다(Fujiura, 2013).

Luckasson과 Schalock(2013)은 국제사회가 지적장애라는 용어를 선호하는 이유를 다섯 가지로 요약해서 지적하고 있다. 지적장애라는 용어는 첫째, AAIDD와 WHO에 의해 공표된 변화한 장애의 구인을 반영하며, 둘째, 기능적 행동과 맥락적 요인에 초점을 둔 최근의 전문적 실제와 더욱 잘 부합되며, 셋째, 사회-생태적 구조에 기반한 결과로서의 개별화 지원조항을 위한 논리적 기반을 제공하며, 넷째, 개인과 가족에게 덜 모욕적이며, 다섯째, 국제적 용어에 보다 일치한다는 것이다(Brown, 2007; Schalock and Luckasson, 2005; Schalock, Luckasson and Shogren, 2007).

일반적으로 이해하고 있듯이, 장애는 사회적 맥락 안에서 개인에게 가해지는 실질적 불이익을 나타내는 개인적 기능의 제한을 표현하는 것이다. 지적장애의 구인은 이러한 장애의 일반적 구인 내에 포함되므로, 이는 개인과 환경 간의 상호작용을 강조하며 개별화 지원이 인간기능을 고양시키는 역할에 초점을 두게 된다. 지적장애의 구인이 장애의 일반적 구인 내에 있다는 것은 지적장애가 선호하는 용어로 부상한 이유를 이해할 수 있게 한다.

이에 앞서 Luckasson과 Reeve(2001)는 명명을 위한 용어를 선택할 때 고려해야 할 다섯 가지 중요한 요인을 논의한 바 있다. 첫째, 그 용어가 한 가지를 지칭하여 다른 것과 구분되는 것으로서 소통이 용이한 특정한 것이어야 한다. 둘째, 서로 다른 유관 단체들이(예를 들어 개인, 가족, 학교, 임상가, 법률가, 의사, 전문기관, 연구자, 그리고 정책입안자 등) 지속적으로 사용할 수 있어야 한다. 셋째, 그 용어가 최근의 지식을 적절히 대변하는 것으로서 과학적 진보에 따른 새로운 지식과 융화될 수 있어야 한다. 넷째, 그 용어가 정의, 진단, 분류, 그리고 지원계획을 포함하는 다양한 목적으로 사용될 수 있는 조작화가 충분히 가능한 것이어야 한다. 다섯째, 일군의 사람들을 명명하기 위해 필수적인 요소를 존중함으로써 해당되는 사람들에게 중요한 가치를 전달할 수 있는 용어라야 한다. 그런데 지적장애라는 용어는 이 다섯 가지 기준을 충족시키는 합의된 용어라는 것이다(Schalock and Luckasson, 2013).

지난 200년간 지적장애를 지칭하는 용어는 idiocy, feeble-mindness, mental deficiency, mental retardation, mental disability, mental handicap, 그리고 mental subnormality 등으로 다양하였다. 이러한 용어의 사용은 곧 그에 따른 지적장애인의 사회적 위상 및 정체성 형성과 정책의 실제를 의미하는 것이었다. 최근에는 지적장애 분야가 점진적으로 생태적 초점과 지원 패러다임으로 이동함에 따라, 정책과 실제가 보다 폭넓은 다차원적 분류를 요구하는 방향으로 부상하고 있다. 예를 들어, 개인은 평가된 지원요구, 적응행동, 건강상태, 및 맥락(주거나 위치 조건 등) 등을 포함하는 복합적인 요인들의 경중을 근거로 분류되고 집단화될 가능성이 매우 많아졌다. 또한, 최근의 연구방법은 과거에 비해 인간기능과 기대되는 개인적 성과 등을 다차원적으로 예견하는 데 훨씬 초점을 맞추고 있다. 지적장애 분야는 이제 인간기능 영역과 활동 영역에 걸쳐 평가된 요구의 유형과 강도를 근거로한 개별화 지원을 권장하고 실행하는 방향으로 움직여가고 있다. 정책과 실제에 있어 이러한 변화의 결과로 다차원적 분류 구조가 부상하고 있는 것이다(Schalock and Luckasson, 2013).

지난 30년간 지적장애인에게 행해지는 공공정책과 조직 및 체계는 통합과 사회참여에 초점을 맞추어왔다(Shogren, Bradley, Gomez, et al., 2009). 이러한 움직임은 지원고용과 지원생활 및 통합교육과 관련된 프로그램에 반영되는데, 지원계획의 근간을 제공하는 지원 패러다임에 의해 확대되고 있는 상황이다. 지원계획의 본질적 요소는 인간기능을 향상시키기 위해 어떤 접근을 해야 할 것인가를 고려하는 것이다. 1980년대 이래로, 지적장애인 관련 정책과 실제에 있어 지원 패러다임이 다음의 세 가지 중요한 변화를 겪고 있다. 첫째는, 사람 중심의 계획, 개인적 성장과 발전의 기회, 지역사회 통합, 자기결정, 그리고 역량강화 등과 관련된 실제로 옮겨가고 있다는 것이다. 둘째로는, 지원체계의 법적 적용이 조직으로 하여금 인간기능의 신장과 개인적 성과를 중심으로 한 개별화지원의 영향을 평가하도록 하고 있으며, 셋째, 개인의 지원 요구에 대한 평가 유형과 척도가 체계적인 지원계획을 위해 사용될 수 있다는 것이다.

1980년대 중반 이래 우리는 지적장애인의 지원요구에 대한 측정과 개념화에 있어 의미 있는 진보를 보아왔다. 이는 곧 지원체계에 대한 우리의 인식에 진보적인 변화가 있어왔으며, 이것이 또한 최선의 실제로 이어졌음을 의미하는 것이다. 우리가 개인의 지원계획을 개발하고 점검하고 평가한 과정이나, 요구되는 성과가 개인의 지원계획과정 내에 있도록 보다 명확하게 초점을 맞추는 일 등의 구체적인 진보는 좋은 사례이다.

그러나 지금까지의 의미있는 진보는 또다른 미래지향적인 변화를 예견할 수 있게 하는 요소임도 분명하다. 현재 AAMR은 AAIDD로 명칭을 바꾸어 지적장애와 발달장애를 같이 논의하고 있고, CEC의 세부 분과에서도 지적장애는 발달장애 분과로 편입되어 있다. 또한 영국의 특수교육 분야에서는 장애영역을 굳이 세분하기보다 특수교육적 요구(Special Educational Needs: SEN)라는 용어로 통칭하는 경향이 두드러지게 나타나기도 한다. 이러한 사례들을 보건대, 지금까지의 변화가 매우 괄목할 만한 것이었다 할지라도 이로써 최선의 궁극적인 결론에 이르렀다고 보기는 어려운 상황이다.

더구나 특수교육 선진국의 학교 현장에서 보고되고 있는 사례들도 앞으로 많은 변화의 여지가 있음을 함축적으로 보여준다. 한 예로, '권력과 배제의 풍경'(Kitchen, 1998: 346)이라는 표현을 인용하여 소개한 어느 특수교육 현장의 일화는 평범한 광경인 듯하지만 배제의 정치학이 드러나는 실제 사례이다(Gabel, Cohen, Kotel, and Pearson, 2013: 74-80 참조). 이 일화는 Kate 와 Lauren이라는 장애학생들이 다니는 학교의 상황을 그들의 보조교사이자 보호자로 일하는 Carie가 관찰한 이야기이다. 이 학교는 특수학급이 설치되어 있는 일반학교인데, 이 학교 현장에서 통합이라는 대의명분이 어떻게 이루어지고 있는지에 대해 Gabel 등(2013)은 심도있는 분석을 제시한다. 흔히 통합의 단계로, 물리적 통합－사회적 통합－심리적 통합 등을 거론하곤 하지만, 이 일화에 대한 분석에서는 사실상 이러한 단계들을 결코 분리하여 논하기도 어렵다는 것을 보여준다.

Relph(1981)에 의하면, 구조적이고 기하학적인 특성을 지닌 물리적 환경으로서의 공간은 직접적으로 기술하고 분석할 수 있는 실체가 아니라, 만질 수 없는 무정형이다. 그리고 구조는 정적이고 우연한 것이 아니라 사회적 활동이어서, 사람과 장소에 대한 집단적 개념을 전달하게 되며 그러한 사회적 구조와 활동을 통해 개념도 존재하게 되는 것이다(Titchkosky, 2011). 공간은 물리적 환경에 대한 복잡한 사고를 드러내며(Creswell, 2004), 지식과 권력과 경험과 공간성이 의미의 구축에 작용하는 방식을 시험하는 입지를 제공한다(Hornecker, 2005). Carie의 방문도 그녀가 접한 공간적 배열을 통해 구조화된다. Kate와 Lauren은 특수교육이 이루어지고 있는 공간을 향해 이동하는 과정에서, 자신이 '타자(other)'로 분류되고 있으며 자신이 그 공간에 적합한 사람이라는 분명한 의식을 스스로 가지고 있다. 여기서 Carie로 하여금 소외된 타자라는 느낌을 갖도록 한 것은 공간과 사회가 상호작용한 결과라고 할 수 있다. 장소는 "삶의 경험과 사회적 상호작용 및 거주자의 용도 등을 포함하는"(Hornecker, 2005, para.1) 위치의 정체성이다. 일상적 상호작용 내에서 지식과 권력과 이데올로기와 담론이 작용하는 방식을 보여주며 공간을 맥락화하는 것이 바로 장소인 것이다 (Hornecker, 2005; Keith & Pile, 1993; Soja, 1989). 다시 말해 "장소는 일상적이고 습관적인 일과를 통해 부단히 재창조되며(Cresswell, 2004: 612)", 이러한 점들이 Carie의 서술에서도 드러나고 있는 것이라고 Gabel 등(2013)은 지적한다.

Lefebvre(1991)는 공간이 사회적 관계의 생산자이자 생산물이며, 이렇게 생산된 공간은 또한 사고와 행동의 도구로서 역할을 하게 되며, 나아가 생산의 수단이자 통제의 수단이 됨으로써 결국 권력과 지배의 수단이 되는 것이라고 지적한다. 이러한 과정에 대해 Glesson(1996: 391-392)은 또한 "사회와 공간이 실질적으로 상호작용하는 역동성을 보여주는 사회-공간적 변증법"이자 "장애인들의 역량을 평가절하하는 뿌리깊은 구조적 세력"의 영역화라고 칭한다. Kitchen(1998)에 따르면, 공간은 장애인들로 하여금 그들의 자리를 지키도록 함으로써 오히려 그들이 이탈자라는 사회적 의미를 부가하게 되는 배제의 과정을 재생산하고 유지해가는 것이다. 그는 나아가 사회-공간적 구조와 장애인의 문제를 다음과 같이 연결시킨다.

사회는 일련의 사회적 관계 내에서 주도권을 유지하도록 사회-공간적으로 조직화되어 있다. (…) 우리가 장애인과 장애인의 경험을 이해하고자 한다면 권력과 배제의 풍경, 그리고 지배와 저항의 지형을 해체해야만 한다(346).

Kate와 Lauren의 사례에서 분명히 나타나는 것은 그들이 학교사회에 통합되어 있는 듯이 보이지만, 사실상 그들 자신의 의지는 배제된 채 사회적으로 고립된 상황에 있다는 것이다. 그들과 비장애학생들 사이에는 분명한 경계가 존재하고 있고, 그들은 자기결정과 무관하게 불필요한 배려이자 제한을 받으며, 적절한 사회적 역할이나 가치를 인정받지 못하고 있음이 잘 나타나 있다.

Graham과 Slee(2008: 280)는 "진정한 통합교육에서 특수교육과 일반교육이라는 말은 불필요하다"고 주장한다. 장애인과 관련한 지배와 저항의 지형을 해체하기 위해 보다 역동적이고 전향적인 장애 담론이 요구되는 시점에 와 있는 것이다. 지적장애 분야는 작금의 변혁기에 괄목할 만한 변화를 모색하고 또한 실제에 적용하는 노력을 경주하고 있는 것이 사실이다. 그럼에도 불구하고 아직 미진한 주요 관심사에 대한 담론을 보다 활성화하고 미래지향적인 비판을 가할 수 있는 건전한 토대를 제공하기 위한 노력은 여전히 절실하다.

장애 여부를 포함하여 사람들이 사람들을 어떻게 분류하고 명명할 것인가에 대한 논의는 사람들이 존재하는 한 끝없이 이어질 일이다. 인간이 인간에 대해 진단하고 정의하는 관습은 역사 속에서 시대정신의 변화와 함께 진단 방법과 기준, 그에 따른 정의와 용어 사용 등에 있어 의미심장한 함의를 드러내며 지속되어왔다. 그 과정에서 새로운 변화는 불가피하게 과거의 지배적 가치와 충돌하는 모순을 파생시켜 왔지만, 보다 이상적인 가치를 추구하는 진보의 역사가 또한 인간 삶의 동력임은 부인할 수 없다.

III

연극 텍스트에 나타난
장애 다시 읽기

장애 다시 읽기

장애학과 특수교육학의 만남

1. 새로운 접근

문학적인 관점에서 연극은 기본적으로 인생 무대의 재현이다. 그리고 연극 무대 위에서 벌어지는 액션은 인간의 상호작용에 대한 묘사이다. 따라서 사회적·연극적 행위를 구조화하는 '역할'에 대한 공동의 표상에 토대를 두고 있는 연극과 사회는 본질적인 유사성을 지닌다(김영옥, 2006). 연극은 관객에게 사회적 과정을 보여준다는 차원에서, 가장 오랜 역사를 지닌 순수예술 장르이면서도 또한 사회적 예술 형식으로 정의되기도 한다.

연극의 플롯을 구성하는 것은 인간의 상호작용, 즉 갈등하며 소통하는 인간관계이며 이것이 곧 연극의 의미를 규정하게 된다. 나아가 연극은 무대와 관객의 상호작용이라는 또 다른 차원의 역학관계를

잠재적으로 설정하고 있기도 하다. 연극의 이러한 메타소통적 요소
는 문화적 재현이 시민사회에서 다층적이고 순환적으로 의미화를
이루어가는 구조와 맥을 같이 하는 것이다. 연극 무대에 등장하는
인물들 간에 장애가 어떠한 의미로 작용하며 그들의 삶에 어떠한
영향을 미치고 있는지, 그것이 다시 관객에게 주는 의미와 영향은
무엇인지를 비평적으로 고찰해보면, 장애학과 특수교육학이 만나는
지점에서 이루어내는 융복합적 의미를 도출해볼 수 있다. 실증연구
가 어려운 복합적인 삶의 주제에 대해 분석하는 것은 인간행동의
이면에 있는 관념, 느낌, 동기, 신념 등을 보다 심층적으로 이해할
수 있는(Stainback & Stainback, 1984; 김병하 역, 1992) 연구방법이 될 수 있다.

　이렇게 예술작품을 통한 인문학적 접근법을 교육연구방법론에
결합하는 새로운 시도가 추구하는 것은, 교육적 현상을 보는 새로
운 방식을 제시하는 것이다(Barone & Eisner, 2006). 예술작품을 중심으
로 한 교육학 연구는 확실성을 추구하지는 않지만 무엇보다도 인간
의 활동과 관련된 관점을 고양시키고자 하는 것이며, 나아가 교육
정책과 교육적 실제를 개선하는 것을 궁극적 목표로 한다고 Barone
과 Eisner(2006)는 설명한다.

　질적 연구방법론은 여러 학문적 전통 속에서 형성되어 왔다. 철학
에서는 현상학, 해석학, 실존주의 등이 방법적 기초를 제공하였고,
사회학에서는 인류학의 문화상대주의와 상징적 상호작용론, Goffman
의 연극사회론 등이 서로 인식론적 기반을 공유하고 있어서, 다소의
차이는 있지만 이들은 하나의 패러다임 안에 편입시킬 수 있다(조용환,

2003). 객관주의와 계량적 단순화의 질곡이 빚어내는 연구 사각지대에 대한 대안으로 제기되어 오던 질적 접근의 필요성은, 근래에 들어 다원성과 상대성을 중시하는 시대정신의 변화로 인한 가치의 전도와 함께 점차 그 의미가 강조되어 가는 추세에 있다.

서구사회에서 나타나고 있는 질적 연구의 팽창을 일컬어 사회과학계에 방법 혁명이 일어나고 있다고 묘사한 Denzin과 Lincoln(1994)도 질적 연구의 의미를 시대정신에 비추어 조명한 바 있다. 그들은 다양성이 강조되는 해방의 시대에 유일한 진리는 존재하지 않는다고 지적하고, 특정 진리에 한정되거나 세상을 한 가지 색깔로 보는 관습을 버려야 한다고 주장한다. 인문학으로부터 확산되기 시작하여 20세기 말경에는 사회과학에서도 힘을 얻게 된 포스트모더니즘은 지난 세기의 계몽주의와 합리성, 보편성, 실증주의 등을 강조하는 방법을 비판한다. 포스트모더니스트들은 계급, 인종, 성 등의 집단적 관계를 보는 태도가 다중적 관점들 속에서 설정되어야 한다고 주장하며, 상이한 담론의 중요성을 부각시키고 감추어진 권력구조를 표면화시켜 읽어냄으로써 텍스트를 해체하고자 한다(Bloland, 1995). 이러한 차원에서 볼 때, 연구자와 연구 대상 사이의 객관이란 하나의 허구이며, 외견상 가치중립적인 것처럼 보이는 실증적 방법이나 과학도 사실은 역사적·정치적 담론의 한 형태라고 보는 것이다.

질적 연구에서는 어떠한 하나의 이론이나 패러다임이 특권을 가질 수 없으며, 명확하게 정해진 방법론이 있는 것도 아니다. 질적 연구는 학제적 연구이며, 초학문적이고 교차학문적인 연구로서 인문과학과 사회과학과 자연과학을 아우르며 인간의 경험에 대한 해석에 초점을 맞춘다. 포스트모더니즘의 감성을 지닌 이 시대의 질적 연구자들은 실증주의적인 양적 연구의 방법과 가정을 거부하며 양적 연구 결과와는 다른 이야기를 들려주고자 한다. 상징적 텍스트를 수량화하여 정확성을 기하고자 했던 양적 연구와는 달리, 질적 방법은 인간으로부터 파생된 모든 것들이 언어적으로 이해되거나 재구성될 수 있다는 신념하에, 텍스트의 외현적 구조 이면의 경험을 심층적으로 기술함으로써 텍스트의 의미와 진실이 드러나게 된다고 본다(Denzin, 1994).

교육학 연구에 있어서도, 삶의 해석을 현장 연구에 활용할 수 있는 실천적 연구를 위해서는 세상의 복잡함을 섣불리 단순화하기보다는 있는 그대로 보고 이해하려는 접근이 요구된다. 인간의 내적 경험의 소산인 정신적 현상은 개별적이고 특수한 세계로서 이해하고 해석하는 방법을 요구한다. 개인의 개성과 특수성을 적극적으로 인정하는 현대의 특수교육연구에 있어서는 특히 잠재적인 진실을 드러내보고자 하는 질적 연구의 의미를 새겨볼 필요가 있다. 조용환(2003)은 질적 연구와 양적 연구의 차이가 단순한 연구방법론의 문제라기보다는 세상을 성찰하는 자세를 달리하는 '존재와 삶의 문제'라고 주장한다.

김병하(2000)도, 정상에서 일탈된 장애인의 결함을 계량적으로 객관화하는 것으로 특수교육 요구학생들의 삶의 질을 개선시키기는 어렵다는 견해를 밝히며 특수교육의 질적 연구를 논한다. 주관주의가 강조되는 시대적 조류와 함께 특수교육 연구도 주관적이고 귀납적인 이론화의 과정에서 독특한 교육적 요구를 파악하는 데 관심이 모아지고 있다.

박경숙(2000)은 세 가지 이유를 열거하면서, 인간 존재의 개별적 가치를 확실히 설명하고 높여준다는 점에서 질적 연구가 특수교육의 연구방법으로 적절하다고 주장한다. 첫째, 정상분포곡선에서 벗어나 평균과 표준편차가 무의미한 특수아동에게 통계분석 중심의 양적 연구는 별 도움이 되지 않는다는 것이다. 둘째는, 자연적인 맥락에서 연구자가 눈에 띄는 변수들을 최대한 포착하여 상황을 진술하는 질적 연구방법의 특성이 특수교육 연구에 보다 적절하다고 한다. 그리고 셋째는, 특수아동의 일상생활에서 양적 접근방식의 '다른 조건이 동일하다면'이라는 실험적 전제는 성립될 가능성이 매우 희박하다는 것이다.

또한 김정권과 김혜경(2000)은 탈현대의 교육적 함의를 논하는 글에서, 주관적이고 거시적인 시대적 속성을 주장하고, 자아와 환경과의 상호작용에서 생성되는 새로운 관념의 중요성을 역설한 바 있다. 이는 곧 현장의 실제를 통해 드러나는 의미를 구성적으로 인지하고 모든 경험과 지식에 대한 새로운 언어적·해석적 접근을 시도함으로써, 일상의 소서사들에 잠재한 진실을 통찰하는 인식론적 패러다임의 전환을 의미하는 것이다.

유혜령(2006)은 포스트 시대 질적 연구자의 삼중고를 논하면서, 포스트 이론이 철학, 문학, 사회학, 정신분석학 등의 다양한 인문사회과학에서 발전한 만큼, 그들 이론 체계에서 통용되는 특정한 언어적 표현들과 개념을 통해 이해하고 이를 질적 연구 논리로 도출해 내는 일의 어려움을 언급한다. 양적 연구와 달리, 언어를 주된 표현 수단으로 삼는 질적 연구에서는, 관습에 얽매이지 않는 열린 언어와 자유로운 형식을 통해 인간 세계의 다양하고 풍부한 의미들을 간파해낼 수 있어야 한다는 것이다. 김영철(2003)도, 질적 교육연구의 목적은 사례를 중심으로 한 개념의 해석학적 순환 과정을 통해 교육적 개념을 형성하고자 하는 것이므로, 질적 교육연구에서 방법이나 절차 등에 얽매이게 되면 질적 연구가 실증주의의 아류로 전락하게 됨을 경고한다.

　장애학과 현대 특수교육학의 주요 쟁점들은 포스트모더니즘의 시대정신을 배경으로 한 문화 담론들과 맥을 같이 하고 있다. 이러한 융복합적 성격의 학문분야에서 인문학적 관점과 사회과학적 관점을 혼용하는 학제적 연구 방법을 취하는 것은 내용과 형식의 조화이자 미래지향적인 통섭적 접근이기도 하다.

　이상과 같은 차원에서, 과학적 실증주의가 아닌 주관적이고 거시적인 질적 접근방식에 입각하여 문화 매체가 재현하는 장애의 상징성을 분석하는 일은 시의적절한 의미를 지닌다. 이 미디어의 시대에 문화 매체를 통한 장애의 재현이 대중적 인식의 확산에 미치는 영향력을 절감하고, 다양한 사람들의 다양한 연구와 담론을 통해 사회적 인식의 변화를 부드럽고도 강력하게 견인하는 효과를 기대하는 것이다.

장애의 문화적 재현을 고찰하는 방대한 작업이 몇 사람의 몇몇 연구로 완성될 일은 물론 아니지만, 이후의 논의와 연구를 지속적으로 활성화시키는 의미는 크다. 이 연구에서는 영미연극 정전을 대상으로 하여 연구의 주제에 적합한 작품을 선정하며, 인지도와 영향력을 감안하여 각 나라의 대표적인 극작가의 작품을 선정하고자 하였다. 일반적으로 영미연극이라고 하면 영국과 미국, 그리고 아일랜드의 연극을 통칭하므로, 영국, 미국과 아일랜드의 극작품 중에서 연구 주제에 적합한 작품을 분석의 대상으로 하였다.

시대의 선정에 있어서는 포스트모더니즘이 교육학 연구에 활발히 적용되기 시작한 시기를 고려함과 동시에, 특히 장애학이라는 학제적 학문 분야가 탄생한 이후의 시기를 대상으로 하였다. 장애학이라는 학문의 탄생과 관련해서는, 1997년에 Barton과 Oliver가 장애학의 역사를 정리하여 출간한 저서인 *Disability Studies: Past, Present and Future*의 서문에서 "20년 전만 하더라도 장애학이 없었다"(4)고 언급한 내용을 기준으로 하였다.

장애학이 태동하여 활발하게 연구가 이루어지기 시작하던 20세기 후반 즈음에 영미연극을 대표할 만한 작가로는 영국의 Harold Pinter와 아일랜드의 Seamus Heaney. 그리고 미국의 Tennessee Williams를 들 수 있다. Seamus Heaney와 Harold Pinter는 20세기 후반과 21세기 초에 걸쳐 노벨문학상을 수여한 아일랜드와 영국의 대표적인 극작가이다. 미국에서는 이 시기에 노벨문학상을 수상한 극작가는 없었으나, 미국 연극을 대표하기에 부족함이 없는 Tennessee Williams와 장애를 주제로 한 작품분석에 적합한 Bernard Pomerance의 극작품을 대상으로 분석해보고자 한다.

Harold Pinter의 작품 중에서는 정신 장애인 주인공이 등장하는 *The Caretaker*와 시각장애를 극적 장치로 활용한 *The Birthday Party*를 선정하여 분석을 시도하였다. 아일랜드에서는 1995년 노벨문학상 수상자인 Seamus Heaney의 연극으로, 장애를 얻게 된 전쟁 영웅의 일화를 극화한 *The Cure at Troy*를 선정하였다. 미국 극작가의 경우에는 퓰리처 상의 수상작가이며 현대 미국을 대표하는 극작가인 Tennessee Williams의 작품 중 여성 장애인을 주인공으로 한 *The Glass Menagerie*를 선정하였다. 그리고 장애인 권리 운동이 가시화된 1970년대 이후 사회적 관심과 더불어 나타난 장애의 연극적 재현으로 대표적인 Bernard Pomerance의 *The Elephant Man*을 선정하였다.

이 작품들에 대한 구체적인 분석의 관점은 다음과 같다. 먼저 이 시대 특수교육학의 궁극적 이념이라 할 통합을 실현하는 데 반드시 필요한 장애 재개념화의 문제를 포스트모던한 문화 담론의 맥락에서 분석하였다. 그리고 문화적 인프라로서 장애 재개념화의 정립과 병행하여 장애인이 통합사회의 존중받는 독립된 인격체로 자리매김하기 위한 실천적 문제로서 장애인의 자기결정에 관해 탐색해보았다. 장애인의 자기결정을 현실에서 구현하기 위한 실천적 방법론으로서는 사회적 역할 가치화의 문제를 집중적으로 조명해보았다. 그리고 마지막으로 장애를 결함이나 손상이 아닌 개인의 차이로 인식하는 장애의 미학을 조명해 보았다.

Harold Pinter의 *The Caretaker*와 Bernard Pomerance의 *The Elephant Man*에서는, 텍스트에 내재한 식민적 권력 담론을 해체하고 나아가 전복시켜 봄으로써, 장애 개념의 재정립과 장애 담론의 지평을 확대하는 데 일조하고자 한다. 이는 "우리 사회가 교묘히 강요하는 이미지화된 장애인의 모습을 타파"(김병하, 2005: 16)하여 통합을 실현하기 위한 노력의 일환이 될 것이다.

*The Caretaker*에서는 장애인 Aston과 관리인 Davies가 이분법적 고정관념을 깨뜨리는 역할의 전도를 연출하며 장애의 재개념화를 역설적으로 웅변하게 되는 극적 전개를 분석하게 될 것이다. 또한 기형의 몸을 한 채 길거리의 전시물에서 의사의 실험실로 옮겨지는 Merrick이라는 인물을 주인공으로 한 *The Elephant Man*에 대해서는, 의료적 모델의 장애 개념에 대한 재고를 강력히 시사하며 성공적인 장애의 미학을 성취하는 극의 구조를 분석해 보고자 한다.

Seamus Heaney의 *The Cure at Troy*에서는 전쟁 영웅이던 주인공 Philoctetes가 장애를 얻은 이후로 자기결정이 원천적으로 봉쇄된 채 사회로부터 유기되어 지내는 상황이 제시된다. 사회적 역할 가치화는 가치를 박탈당한 사람의 사회적·정신적 상처와 관련한 연구이므로(Wikipedia, 2006), 이 극의 주인공인 Philoctetes가 장애를 얻은 이후의 삶에서 호소하는 상처와 고통의 내용과 직결된다는 점에서 분석의 가치가 있다.

여성 장애인 Laura가 주인공으로 등장하는 Tennessee Williams의

*The Glass Menagerie*는 부정적 측면의 장애 개념이 상징적인 극적 장치로 제시되는 극이다. 그러나 현실적인 자아 인식과 자기결정 능력을 지닌 장애인 여주인공에 대한 긍정적인 메시지를 행간에서 찾아보고, 사회적 지원과 환경적 교정의 여지를 부각시켜보고자 한다.

마지막으로 작가가 장애를 극적 장치로 활용한 *The Birthday Party*를 통해 장애의 미학을 어떻게 읽어낼 수 있는지 고찰해보고자 한다. 이 극에서는 Stanley라는 주인공의 자아형성 과정이 연극적 상징으로 전개되고 있다. 이 과정을 주로 Lacan의 정신분석이론에 입각하여 분석하면서, 주인공의 사회화 과정의 한 단계에서 나타나는 언어장애를 이 극의 언어사용 전략과 더불어 미학적 관점으로 조망하고자 한다.

Mitchell과 Snyder(2001: 2)는 "신체적 혹은 인식적 차이를 지닌 사람들에게 열등한 삶을 강요하는 것에 대한 도전"이 바로 장애학이라고 하였다. 차이와 우열의 개념을 무심코 혼돈하거나 혹은 의도적으로 매도하는 일은 아직도 우리 일상에서 어렵지 않게 볼 수 있는 일이다. 이러한 지점에 문학 등의 문화적 재현을 통한 장애 연구의 과제가 놓여 있다. 관객과 직접 소통하며 호흡하는 연극이나 영화 등의 문화적 재현에 대해 장애학과 특수교육적 관점에서 비평적 분석을 시도하면서, 장애(인) 문화와 권리를 상징하는 잠재적인 사회·문화적 담론의 분석을 함께 시도함으로써, 실질적인 통합의 실현에 이르는 길에 초석을 다지고자 한다.

2. 연극 텍스트로 해석해 본 장애 재개념화

1) *The Caretaker*

*The Caretaker*는 2005년 노벨문학상 수상자인 영국의 극작가 Harold Pinter의 대표작 중의 하나로, 1960년 초연된 이후 평자들의 다각적인 해석과 호평이 이어지며 이제는 현대극의 고전으로 자리매김한 극이다. 이 극은 세 명의 남성 등장인물로 구성되어 있는데, 이 중 Aston이라는 인물은 오랫동안 정신병원에서 지낸 경험이 있는 정신장애인으로 설정되어 있다. Aston과 그의 동생인 건장한 청년 Mick이 거주하는 공간에 Davies라는 외부인이 등장하여 함께 살다가, Davies가 이들 형제로부터 '관리인' 자리를 제의 받게 되는 것이 이 극의 사실적 차원의 설정이다.

한 인물이 단일한 정체성을 고정적으로 지니는 것이 아니고, 복수의 정체성을 지닐 수도 있고 혹은 상반되고 모순되는 정체성을 동시에 지닐 수도 있다고 보는 견해가 현대에 와서는 널리 인정받고 있다(Giroux, 1991: 36). 특히 Pinter의 극 세계에서는 등장인물의 정체성이 유동적인 경우가 많은데, 이는 극중에서 인물들의 이름이 여러 개로 나타난다든가, 극중인물의 직업이나 과거 등이 매우 모호하다거나, 동일한 인물에 대해 다른 등장인물들의 언급과 기억이 서로 다르게 나타나는 방식 등으로 반영되어 나타난다.

Fuegi(1986)는 Pinter 극에서 가장 중요한 원칙이 '불확실성의 원칙

(the uncertainty principle)'이라고 지적한 바 있다. Pinter는 기본적으로 사물의 진위를 정확히 '입증(verification)'하기란 사실상 거의 불가능한 일이라는 인식을 모든 작품에 담아내고 있다. 이는 절대적 가치를 부정하고 인간 세계를 근본적으로 비합리적인 것으로 보는 당대 작가들의 전반적인 인식과 맥을 같이 하는 것이다. 한편으로 질서와 명료함을 추구하는 인간의 욕구와 비합리적인 세계 간의 격차에서 파생되는 부조리는 진실의 상대성과 주관성에 대한 인식으로 이어진다(Schlueter, 1979). 주관적이고 상대적인 진실은 개인의 과거와 현재, 그리고 개인의 행동과 내면세계에도 적용된다. 이러한 차원에서 The Caretaker에서도, 작가 특유의 모호함과 소위 '입증의 어려움'이 모든 인물들에게 적용되어 나타난다. 따라서 각 인물들의 이력서라 할 만한 정확한 사실들보다는, 작가가 무대 위에서 보여주고자 하는 극적 상황에 집중하는 것이 관객의 할 일이다. 즉 Pinter극의 정수는 사실적이고 평범해 보이는 설정에서 출발한 연극이 극적 전개와 더불어 드러내는 함축적 진실이다.

평범한 일상을 배경으로 막이 오른 The Caretaker에서도 '방'은 곧 영토가 되어 제국주의적 개념과 연결되고, 등장인물들 간의 차별적 위상은 지배 주체와 객체의 형성이라는 정치적 질서 수립의 과정을 거치면서 식민 담론과 궤를 같이 하는 하나의 연극적 텍스트를 산출하게 된다. 이 극에서 Davies를 통해 드러나는 것은 Bhabha(1994: 85)가 말하는 "문명화라는 거창한 임무를 수행하는 과정에서 흔히 나타나는 모방과 아이러니와 반복으로 가득 찬 소극(farce)적인 식민 담론의 텍스트"이다. Bhabha(1994: 86)는 '식민적 모방(colonial mimicry)'의 개념을 "거의 같지만 아주 같지는 않은 차이의 주체로서의 타자를 향한 열망"이라고 정의한다. Davies는 이러한 차이의 주체를 향한 '부분적 현존(partial presence)'을 도모하며 식민적 부재의 공포를 드러낸다.

Davies가 Aston과 Mick의 영토에 진입한 이후 이웃에 살고 있는 유색인종들을 대하는 태도에서, Davies는 자신의 문화·정치적 위상을 백인 남성 문화권으로 설정함으로써 '주변'의 유색인종에 대한 우위를 확립하고자 하는 의식적 토대를 드러내 보인다. 특히 그의 불평의 대상인 이웃이 인도인들이나 흑인들인 점은, 과거 영국의 제국주의 확장의 역사를 사실적으로 상기시킴으로써, 그의 제국주의적 의식과 담론의 배음을 더한다. 식민 지배자들이 '인간이되 완전한 인간이지 못한' 피식민인들을 교화시키듯, 자신을 지배 주체로 자처하고 상대방을 교화의 대상이요 피지배자로 설정하여 차별적 위상을 정립해가는 과정에서는, Said가 말하는 오리엔탈리즘의 형성과정이 나타난다. Said(1978: 3)는 오리엔탈리즘을 "동양을 지배하고 재구성하며 위압하기 위한 서양의 스타일"이라고 요약 정의하는데, 이렇게 언제나 옳고 우월한 주체와, 반대로 언제나 틀리고 열등한 객체의 이항대립적 담론은 문화적 지배 이데올로기로 작용한다. 제국주의적 지배를 위한 식민 담론의 기저에는, 식민지의 고유 문화를 인정하지 않고 이질적인 문화는 폄하하는 '문명'과 '야만'이라는 이항구조의 담론이 필연적으로 깔려있다. Davies가 의도적으로 지배하고자 하는 대상에게 드러내는 인식의 폭력성은 바로 이러한 제국주의적 발상이요 식민주의적 관행에 다름 아니다.

Said는 문화나 인종의 이분법적 정체성에 강한 의문을 제기하면서, 예를 들면 동양을 고정된 총체로서 논하는 것은 유럽인들의 세계 지배 욕망을 충족시키기 위해 마련된 신화를 재생산하는 데 불과하다고 지적한다. 그런가 하면 Bhabha(1994: 66)는 "식민 담론의 한 중요한 특징은, 타자성을 이념으로서 구축하는 데 있어 '고정(fixity)'의 개념에 의존한다"고 지적한다. Davies가 주변의 유색인종들을 대하는 방식에서도 이웃을 고유한 개인으로 파악하기보다는, 그들보다 우위를 점하고자 하는 욕망을 충족시키려고 그들을 자신이 만든 방식으로 집단화시키고 타자화시켜 멸시함으로써, 자신을 중심으로 타자화한 유색인종 군에 대한 지배 이데올로기를 확대 재생산하고 있는 것이다. Said(1995: 29)는 오리엔탈리즘이나 아프리카니즘 등 민족 집단의 정체성도 이제는 신이 부여한 본질로서 분석되지 않는다고 지적한다.

이 극에서 Aston은 Davies의 주인이되 정신적 장애를 안고 있으며 말수가 적은 인물이다. 그는 집안에 고장나고 부서진 물건들을 잔뜩 모아놓고 애지중지하며 언젠가 쓸모 있는 물건들이 되리라고 믿는 듯하다. 그러나 극중 내내 만지작거리는 고장난 토스터를 그는 끝내 고치지 못하고 만다. 어딘가 고장이 나서 온전히 제 기능을 다 하지 못하는 물건들을 작가는 Aston에 대한 은유적 소품으로 활용한 것으로 보이기도 한다. 이러한 Aston이 Davies에게 집안을 '장식'해줄 것을 요구하지만, Davies는 집안 장식을 할 능력도 없거니와 Aston의 요구에 순순히 따를 의지도 없다. Foucault(1979: 32)는 "권력은 소유되기보다는 행사되는 것이고, 지배계급이 획득하거나 소유하는 특권이 아니라 그들이 차지하는 전략적 입장의 총체적 효과"라고 지적한 바 있다. 집주인으로서의 Aston의 권력도 소유하는 특권이 되지 못하므로, Davies에 대한 지배자로서 전략적 입장을 통해 효과를 발휘해야 한다. 그러나 그들의 관계에서는 오히려 Davies가 자신을 주체에 접근시키려 하는 식민적 모방의 양태를 보이면서, Mick과 결탁하여 자신을 중심으로 Aston을 타자화시켜 부재의 대립항으로 고정시키려 한다. 유럽과 미국의 보편화 담론은 비서구권 국가들의 침묵을 전제로 한 결탁이고 포섭이며 위압(Bhabha, 1995)이라는 지적처럼, Davies가 주체를 향한 열망으로 반복하는 식민적 모방에서도 문명의 보편화 담론은 객체를 침묵시키는 기능을 한다.

Davies가 Mick에게 Aston에 대한 불평을 늘어놓으며 Aston을 조롱하려 드는 것은 그들 관계에 있어 반전된 위기의 절정 국면이다. Aston이 자신의 정신병력에 대한 긴 고백의 대사를 말할 때, Davies의 모습은 어둠 속에 묻혀 보이지 않는 것으로 무대지시에 나타나 있다. Aston의 긴 대사가 고립된 상태에서 말해진다는 것은 엄밀한 의미에서 그의 언어가 실존하지 않음을 보여주는 것이라 할 수 있다. Foucault(1993: 17)는 『담론의 질서』에서 배제(exclusion)의 원리들을 지적하면서, "중세 말 이래로 광인의 담론은 다른 사람들의 담론처럼 통용되지 못해왔다. (⋯) 배제되는 경우이건 이성에 의해 특별한 취급을 받는 경우이건, 그것은 엄밀한 의미에서는 실존하지 않았다. 광인의 이 모든 담론들은 잡음으로 화했다"고 말한다. Aston이 자신의 정신병력을 고백하는 장광설도 진지하게 청취되고 인정될 수 없는 권력구조 안에서 '잡음화'하고 만다. Davies는 Aston을 묵살하고 그에 대한 우위를 점하려 하는 데서 한 걸음 더 나아가 Mick과 결탁하여 Aston을 배제하고자 시도하기에 이른다.

극의 후반에서 Mick은 Davies에게 그들이 살고 있는 집을 궁전처럼 만드는 거창한 건축 설계를 말함으로써 Davies에 대한 우위를 과시하고 그 영토로부터 Davies를 배제시켜간다. 건축에 관한 Mick의 길고 현란한 대사(Act III, 69)는 문화적 · 정치적 거리를 형성함으로써 Davies에 대한 자신의 위상 설정을 공고히 하는 것이다. 이러한 전문 용어를 Davies가 이해할 수 없다는 것은 사실상 그에 대한 사형선고가 된다고까지 Esslin(1973: 227)은 평가한다. 현란한 건축 용어들을 늘어놓으며 지식과 권력이 결탁한 지배 담론으로 Davies를 압도한 Mick은 급기야 Davies에게 "넌 야생동물에 지나지 않아, 넌 야만인이라구(You're nothing else but a wild animal, (⋯) You're a barbarian)"(Act III, 82-83)라고 외치게 된다. 극의 초반에 그가 설정한 문병 / 비문명의 이항 구도에서, 이제 Davies 자신이 비문명에 편입되며 문명권에서 배제되기에 이른다. Spivak(1990: 36)은 즉흥적으로 말하는 것까지도 심리적-사회적, 민족적-경제적, 그리고 역사적-이데올로기적인 다양한 요소들에 의해 영향을 받는다고 지적하면서, 그런 의미에서 모든 차별의 양태에는 필수적으로 배제가 따르므로 어느 정도는 폭력적인 경향이 있게 된다고 설파한다. 극중인물들의 대사가 내포하는 배제와 폭력의 의미는 이러한 문화적 기반의 담론이 가지는 속성이라 할 수 있다. Silverstein(1993: 23)도 Pinter극에서 "개인적 힘은 문화적 힘의 결과이자 문화적 힘을 전달하는 매체"라고 지적한 바 있다.

Davies가 주변의 유색인종과 장애인인 Aston에 대해 설정했던 문화정치학적 메커니즘이 자신의 파국에 적용되는 아이러니는, 식민적 모방의 욕망을 금지의 욕망으로 규명한 Bhabha의 지적을 상기시킨다. Bhabha(1994: 90-91)는 식민적 모방의 욕망이 전략적 목표로 삼는 '현존의 환유(metonymy of presence)'는 결국 식민 담론의 부적절한 기표들이라고 지적하면서, '거의 같지만 하얗지는 않은' 피부를 한 피식민인, '영국적인 것과 영국화된 것의 차이' 등을 현존의 환유로서 적시한다.

이들의 집에 가득했던 잡동사니 물건들은 완전한 기능을 발휘하지 못하는 고장난 물건들이고, 사람들이 등을 돌려버린 물건들이며, Aston이 고쳐보려고 애를 써도 쉽사리 고쳐지지 않는 물건들이다. 극의 초반에서 그 물건들은 장애를 지닌 Aston에 대한 은유적 소품으로 보일 수도 있었다. 그러나 막이 내리면서 그 잡동사니들은 Davies의 이미지와 중첩되는 소품으로 떠오른다. 처음부터 Davies는 버려져 떠돌던 부랑아였던 것을 Aston이 마치 잡동사니를 모으듯 자기 집으로 데려와 거처를 제공해주었던 것이다. Aston의 집에 들어온 이후로 Davies는 자신의 신원을 입증해줄 서류가 Sidcup이라는 곳에 있는데, 궂은 날씨에 신을 만한 신발도 마땅치가 않아서 갈 수가 없다고 푸념을 해댄다. Davies는 Aston이 구해준 신발에 대해서도 신발이 잘 맞지 않아 신을 수 없다고 말하며 도덕적인 죄책감을 Aston에게 전가하는 전략까지 구사한다(Billington, 1996: 119). 정신장애를 안고 있는 Aston이 자신의 과거 정신 병력을 고백하는 것과, 스스로 입증 불능의 과거와 불안정한 정신상태를 드러내버리는 Davies의 태도는 커다란 대조를 이룬다. 출신도 불확실하고 제대로 할 수 있는 일도 별로 없이 소리만 요란한 Davies는, Aston이 집에 가져다놓은 잡동사니들에 병행하는 이미지와 연결시키기에 훨씬 더 적절해 보이는 것이다. 그는 자신에게 현실적인 도움을 제공한 Aston을 인격적으로 인정하고 고마워하기는커녕, 오히려 Aston의 정신적 장애를 이용하여 무시하고 배제하려 드는 장애(인)관을 드러냄으로써, 자신의 그러한 가치관이야말로 버려야 할 폐기물임을 반증하고 있다.

사실상 이 극에서 Davies는 불특정 다수의 인간상을 반영하고 있다. Pinter를 비롯한 많은 현대 극작가들에게 있어 '부랑아'의 이미지는 인간이 어디서 와서 어디로 가는지 삶의 시작과 끝을 알 수 없어 방황하는 현대인의 원형(archetype)으로 그려지곤 한다. Davies라는 인물의 경우도, 무대 위의 집에 오기까지 어디서 무얼 했는지, 그리고 그 집에서 나가게 되면 어디로 가서 어떻게 지낼 것인지 정확히 알 수가 없다. 또한 Davies는 이름을 묻는 Mick의 질문에 Jenkins라고 대답하여, 극중에서 그의 이름은 Bernard Jenkins와 Mac Davies 두 개로 나온다. 게다가 이 두 이름은 언의의 지방색으로 보아 Scott, Irish, 그리고 Welsh의 혼합이라고 한다(Dutton, 1986: 103). Davies에게 는 고향도 분명한 한 곳이 아니고 애매하게 몇 군데의 중간 지점쯤으로 설정되어 있는 것이다. 이러한 점들은 모두 Davies가 특정인이라 기보다는 그저 현대의 한 시민이라는 해석을 뒷받침해주는 설정들이다.

Davies와 같은 많은 보통 사람들이 Aston과 같은 사람들에 기대어 살고 있으면서도 아이러니컬한 지배관계를 상정하여 부적절한 인권과 인격의 침해를 범하는 경우가 무대 위의 연극에서만 나타나는지 생각해볼 일이다. 또한 연극 *The Caretaker*에서 과연 누가 누구를 돌보는 관리인인지도 생각해볼 일이다. 장애가 있는 Aston을 Davies가 돌보는 것인지, 아니면 잔꾀 많은 떠돌이 부랑아 Davies에게 정신장애인 Aston이 거처와 식사를 제공하며 생활을 돌보고 있는 것인지도 이 연극을 다시 보는 관객에게 흥미로운 관점이 될 수 있다. 이 극에서 사실상의 흐름을 주도하는 인물은 Aston이라고 할 수 있다. Kane(1993: 81)은 극중의 가방놀이 장면(Act II, 47-48)에서 이 게임을 지배하고 있는 사람이 Aston임을 예로 들면서, 이러한 극적 장치는 이 극의 무대인 '방'을 통제하고 있는 사람이 누구인지를 극적으로 잘 보여준다고 지적한다. 또한 Dukore(1982: 51)에 따르면, 이 가방놀이 장면은 결국 Davies가 Aston으로부터 자초하여 당하게 되는 모욕을 상징적으로 보여주는 장면이 된다.

Davies는 말수가 적고 관대한 Aston의 태도를 처음에는 주인으로서의 우월함으로 받아들이기도 한다(Quigley, 1975: 120). 그러나 Aston과 Mick이라는 인물에 대해 좀더 알고 나서는 전혀 다른 태도로, Mick과 결탁하여 Aston을 배제시키려는 어설픈 시도를 한다. "Davies는 모든 사람을 위협적인 강적이 아니면 얼간이로 보는 경향이 있다"(Nightingale, 1982: 352)는 평자의 지적은 흥미롭고도 공감이 가는 지적이다. Davies가 무대 위에서 보여주는 이러한 일련의 식민적 모방의 양태는 이 극을 현대의 대표적인 비희극(tragicomedy)으로 만든 극적 장치들이다. 현대 의 초라한 반영웅(anti-hero) Davies가 많은 관객의 웃음을 유발하는 어처구니없는 언행을 남발하는 동안, 의식 있는 관객은 이 극이 일상의 전형적인 식민 담론을 통쾌하게 전복시키고 있음에 카타르시스(catharsis) 를 느끼게 된다.

2) *The Elephant Man*

Lewis(1998)는 장애를 사회적 구성주의 입장에서 보는 새로운 패러 다임을 제시한 성공적인 연극의 예로 *The Elephant Man*을 제일 먼저 들고 있다. 그는 기존의 연극에서 흔히 제시된 장애인에 대한 부정적 묘사가 장애에 대한 무지에서 비롯된 것은 아니라고 진단한다. 오히 려 장애인의 현실에 대한 가장 정확한 접근이 다소 과장되어 표현되 었다는 패러독스를 제기한다. 이는 Thompson(1997)이 주장한 문화적 이분법에 따라 열등한 몸과 우월한 몸을 구분하는 시대적인 장애 개념의 모델에 충실한 연극적 재현이었음을 지적하는 것이다. 그리고 새로운 장애 개념의 확산이라는 시대적 요구에 따라 연극에서의 장애 재현이 새로운 미학을 추구하고 있는 것으로 본다.

Bernard Pomerance의 1979년 작품인 *The Elephant Man*은, 사이드 쇼(sideshow)의 괴물로 살던 Joseph Merrick의 실제 이야기를 극화한 작품이라고 알려져 있다. 그런데 연극작품 *The Elephant Man*에서 이 주인공의 이름은 John Merrick으로 나타나 있다. Howell과 Ford(1992)에 의하면, 이는 비정상인 Merrick을 치료하겠다고 자임하고 나선 의사 Treves가 Merrick의 이름을 John이라고 잘못 기재하는 실수를 범한 데서 비롯되었다고 한다. 다른 사람들은 Merrick의 이름을 Joseph으로 제대로 알아들어왔는데, 유독 Treves만이 Merrick의 안면 근육 뒤틀림으로 인한 발음상의 문제로 인해 이름을 잘못 알아들었는지는 모를 일이라고 Howell과 Ford(2006)는 일침을 가한다. Treves의 이 어처구니없고 사소한 실수로 인해 이후로 Merrick의 이름은 John으로 굳어져버리게 되었다고 한다. 사람들은 설마 의사 Treves가 직접 쓴 Merrick의 이름이 잘못되었으리라고는 결코 생각하지 않았기 때문이다.

Merrick의 이름과 관련한 이 에피소드는 Merrick의 정체성과 관련하여, 그리고 Merick을 대하는 Treves의 태도와 관련하여, 적지 않은 의미를 지닌다. 앞서 Pinter의 *The Caretaker*에서 등장인물의 이름이 여러 개로 나오는 설정이 개인의 정체성과 관련하여 어떤 의미를 지니는지 살펴보았듯이, Merrick의 경우에도, 복수의(plural) 이름은 복수의 정체성을 의미할 수 있다. 그리고 또 한편으로는, 의사

Treves에게 있어 Merrick은 이름이 무엇이건 문제될 것이 없다고 여겨지는, 그저 "가장 충격적인 특징을 지닌(The most striking feature, Scene III: 5)" 환자이자 장애인에 지나지 않았다고 볼 수 있다. 그저 무심코 Joseph을 John으로 기재한 Treves의 태도에서, 이후 Merrick이 죽음에 이르게 되는 결말이 사실상 예고되고 있다고 할 수 있다.

이 극의 주인공 Merrick은, 신경섬유종증으로 인해 기형이 된 몸을 한 지체장애인이다. 그는 팔과 다리가 불편하고 언어장애가 있으며, 무엇보다 커다란 머리 때문에 제대로 누운 자세로 잠을 잘 수도 없는 장애를 안고 있다. 그는 그러한 기형의 몸을 길거리의 수많은 사람들에게 구경거리로 전시하여 여흥을 제공하며 살아가는 인물로 등장한다. 그의 어머니가 그를 임신해 있던 중 코끼리에 차여 출산하게 되는 바람에 그러한 모습이 되었다는 그의 말은, 흡사 코끼리와도 같은 몸이라 하여 코끼리 인간으로 불리며 뭇사람의 구경거리로 살아가는 그의 삶을 대변해주는 어처구니없이 희화화된 설명이다.

이 극은 이러한 Merrick을 바라보는 사회적 시선에 집약되어 있는 역사적 집단 무의식의 궤적을 추적하고, 그렇게 보편화된 대중적 인식으로 인해 한 인물이 인간적인 존엄성을 상실하고 희생되는 과정을 극화한 것이라 할 수 있다. 작가는 이 극에서 Merrick이라는 장애인 주인공에 초점을 맞추고 장애라는 주제를 집중적으로 부각시키면서, 신체적 차이를 타자화한 문화적 이데올로기를 비판적으로 조명한다. 그리고 연극적 플롯으로 무대 위에 제시된 제국주의와 산업사회의 이분법적 경계 짓기나 사회적 계층의 정체성 문제

등이 장애 담론에 대한 분석을 위한 효과적인 기제로 병행한다.

이러한 맥락에서 Merrick의 몸은 사실상 문화적 이데올로기의 텍스트이자 역사적 담론의 장이 된다. 구경꾼들의 필요와 욕망에 따라 전시되는 기형의 몸은, 신체적 차이나 다양성을 문화적 타자성으로 규정해가는 사회적 과정의 의식(ritual)을 위한 텍스트가 된다. 난장이나 거인, 과도하게 비대한 여성 등을 전시해보임으로써 구별되는 신체적 차이에 따라 정상적인 몸의 표준이 만들어지고, 장애나 인종, 민족성 등의 범주화가 이루어지며 그러한 구별은 고착화된다. 더구나 이 과정에서 전시된 기형의 몸들에서는 복잡 미묘한 인간 고유의 본성을 찾아보기도 힘들어진다. Thompson(1997)은 이러한 괴물쇼의 가장 주목할 효과는, 다양하게 각기 다른 몸들에 대한 구분 자체를 아예 없애버리고 그저 타자라는 기호만을 부과하는 것이라고 지적한다. 이러한 사회적 의식화 과정을 거치고 나면, 사회적 담론과 재현의 수단을 통제하는 사람들에 의해 타자 집단은 주변부로 추방되는 것이다. 사실상 비정상적인 기형의 몸이라는 일반적인 인식은 문화 상대주의의 결과물에 지나지 않는다. 가치편향적인 사회적 인식 과정으로 인해서 인식자들은 역사적으로 축적된 집단의식에 기반하여 어떤 개인이나 집단에 대해 긍정적이거나 부정적인 가치를 부여하고 혹은 박탈하기도 한다. 그리고 한 사회 제도 내에서 특정한 위치를 차지하고 있는 개인의 가치나 기대치, 즉 사회적 역할은 그 사람의 정체성 형성에 있어 일차적인 요소가 된다.

Merrick의 몸이 길거리 쇼에 전시되어 뭇사람들의 구경거리요 응시의 대상이 되고 있던 중, 의사인 Treves가 나타나 몸값을 지불하고 병원으로 빌려가게 된다. 병원에서 Treves는 강의 시간 중 Merrick의 몸을 슬라이드에 비추며 수강생들에게 상세히 묘사하는데, 여기서 Merrick의 몸은 다시 시선의 대상물이 된다. Treves에 의해 Merrick의 거주지가 길거리에서 병원으로 옮겨지게 되면서, 구경꾼들 대신 의사들과 귀족들이 후원자의 명목으로 Merrick의 몸을 전유하게 되었을 뿐, Merrick의 몸은 여전히 타인의 응시의 대상물인 것이다. 19세기 빅토리아 시대 대중의 구경거리가 20세기에 들어와서는 길거리로부터 실험실로 옮겨져 과학적 해부의 대상이 되는 것을, 한 편의 연극 무대에서 시대를 압축하여 동시에 제시하고 있다.

이렇게 응시의 주체가 변화하게 되는 점과 관련하여, *The Elephant Man*은 의사와 장애인의 관계를 해부하고 있다는 점에 또한 주목할 필요가 있다. 이 극에서는 전통적으로 장애를 보아온 의료적 모델의 장애 개념이 통렬히 비판 받고 있는 것이다. 장애의 사회적 모델이나 장애학의 다중 패러다임, 그리고 장애에 대한 보편주의적 접근 등, 장애 재개념화를 위한 장애 담론 확장의 당위성을 이 극은 강력히 웅변하고 있다고 해도 과언이 아니다. 장애의 명명(labeling)이 안고 있는 위험성은 장애의 병리적 해석과도 직결되는데, 이는 곧, 성격의 장애는 육체적 장애의 결과라는 Freud의 주장을 낳은 기반이기도 하다(Thomson, 1997).

길거리 전시물로서의 Merrick에 대한 불특정 다수의 왜곡된 응시가 순수한 합리성으로 무장한 의학적 시선으로 대체된 상황의 변화는,

의학/과학이 도달할 수 없는 한계 영역에서의 새로운 변화를 예고하는 측면이 있다. 이 극을 통해 나타나는 장애에 대한 의학적 시선은 식민적 주체가 교화의 대상으로 삼는 피지배자를 보는 시선에 다름 아니기 때문이다. 여기서 작가는 의학적 시선을 대변하는 Treves로 하여금 식민적 권력 담론을 또한 대변하게 하고 있다. 자연을 통제할 수 있다는 현대 서구의 과학적 프로젝트가 기초하고 있는 일반적 가정은 사람의 몸도 통제할 수 있다는 신화를 내포한다(Wendell, 1996). 따라서 사람의 몸을 통제할 수 있는 의사는 비정상적인 몸을 통제하여 정상화시키는 역할을 거의 주저 없이 떠맡게 되고, 이때 의학적 통제의 신화는 더 이상 신화가 아닌 진실이 되어버리는 경향이 강하다. 장애에 대한 병리적 인식에 기반한 의학적 권위는, 일반적이지 않은 몸의 개별성을 존중하기보다는 설정된 이상적 기준에 못 미치는 몸에 대해 비정상이라는 진단을 내리게 된다. 이 극의 제목에 나타난 코끼리는 바로 이렇게 통제되지 못한 비정상적인 몸을 의미하는 것이며, Merrick의 몸이 의학적 통제의 대상으로서 소위 문명화의 과정을 거치는 동안 이면의 첨예한 비판적 담론들이 함축적으로 제시된다.

이 극의 초점은 Merrick이 병원으로 주거를 옮기고 난 이후의 삶의 여정에 맞추어져 있다. 이 과정에서 Merrick의 문명화와 정상화에 기여하고자 하는 선의를 보이는 여러 사람들이 등장한다. 그러나 그들이 그에게 보여주고자 하는 선의와 상관없이 그들은 Merrick을 희생시켜가는 지배담론으로 구조화된 사회적 맥락 속에 놓여 있다. 불구의 몸을 고쳐보겠다는 의사 Treves나, 영적으로 Merrick을 구원하겠다는 How 주교 등은 그들이 속한 사회의 권력을 행사하며 식민적 담론을 설파한다. 영국이 인도와 아일랜드를 통치하고 아프리카에 선교를 가는 것이 문명화를 위한 기독교적 사명이라고 말하는 How 주교는, Merrick이 비문명인이요 Treves는 문명화의 사명을 실천하는 사람이라고 말하고 있기도 하다. 문명화라는 미명으로 피지배자의 의지와 무관하게 통치권을 주장하며 지배자의 모범을 따르도록 강요하는 것은 전형적인 식민담론의 실천이다. 이 극에서 의학과 과학은 제국주의적 이데올로기의 상징적 수호 기구로, 장애인은 식민 통치하의 비문명인과 유사한 위상으로 자리매김되어 나타난다.

Treves는 Merrick에게 정상적인 삶에 가까운 변화를 주기 위해 과학적 관리를 할 필요가 있으며 Merrick은 과학적 권위에 복종할 필요가 있다고 믿는다. 과학적인 관리에 힘입어 Merrick은 똑바른 자세로 누워서 잠을 자는 것이 사람다운 것이라고 생각하기에 이른다. 그러나 바르게 눕는 자세가 불가능한 Merrick은 사람다운 자세로 잠을 자려는 시도로 인해 거대한 머리의 무게에 질식하여 죽음을 맞는 결과를 낳게 된다. 과학과 문화를 표방한 식민적 지배 담론은 결국 Merrick을 질식시켰고, Treves로 대변되는 강요된 정상적 삶의 이상은 Merrick을 자살 아닌 자살에 이르게 했다(Larson, 1983). 이 극이 시사하는 메시지와 흡사하게, 영국의 장애학자 Oliver(1996)는 소위 전문가 주도의 '장애 정치'가 파생시키는 문제점들을 파헤친 바 있다. 장애 문제를 유물론적 시각에서 조명하고 장애학의 사회적 모델을 주창한 Oliver(1996)는 건강한 신체를 가진 소위 전문가들이 장애인의 경험을 정의하고 식민화하는 상황을 장애 정치로 인식한다.

Merrick의 변화를 지켜보는 Treves의 의식 속에서는 점차 이와 같은 담론의 실제가 상당 부분 구체화된다. Treves에 의해 Merrick은 의학적 치료 효과를 보이는 듯하지만 동시에 삶 자체를 잃어가게 되기 때문이다. Treves의 의도와는 전혀 다르게, 의학적 힘과 생활방식에 대한 고정관념은 Merrick을 보다 인간답게 만들고 그의 삶의 질을 향상시키는 것이 아니라 오히려 그를 죽음으로 몰고 가는 원인으로 작용하게 된다. Treves는 그 시대, 그 사회의 지배담론을 충실히 실천하고자 하였으나 역설적으로 그동안 자신이 확신해온 과학적 신화의 허구적 이면을 들추어내는 결과에 도달한다. 과학의 권위나 제도는 서구 즉 권력자들이 그들의 담론을 재현하는 수단이라고 Said가 갈파했듯이, Merrick 즉 장애로 인식되는 타자에 대한 억압의 시선은 그들이 속한 사회의 각종 권력을 장악하고 문화적 질서를 규정하는 지배담론에서 파생되는 것임을 이 극은 보여주게 된다.

나아가 이 극에서는 또한 Merrick에 대해 일방적이었던 기존의 시선의 질서가 통쾌하게 전복될 가능성을 제시하는 장면이 있다. 이 장면에서는 타인의 응시의 대상으로만 여겨지던 장애인이, 역으로 비장애인을 응시하는 위치에 서게 되는 역할 전도의 여지를 시사한다. 작가는 Treves의 꿈이라는 형식을 빌어 Treves의 잠재의식의 변화를 가시적으로 표현해낸다. 이 꿈에서는 Merrick이 응시자의 위치에서 Treves의 몸을 바라보며 강의를 하는데, 이는 앞서의 Treves의 강의를 전복하여 재연한 것이다. 이전의 장면에서 Treves가 Merrick의 몸에 대해 "그의 가장 충격적인 특징은 거대한 머리입니다(Scene III: 5)"라고 했던 것을 패러디하여, 이번에는 Merrick이 Treves에 대해 "그의 가장 충격적인 특징은 끔찍하게 정상적인 머리입니다(The most striking feature about him (…) is the terrifyingly normal head)"(Scene XVIII: 61)라고 말하고 있다. 이 효과적인 패러디는 관점이나 관념의 차이에 따라, 준거의 개념은 얼마든지 가변적일 수 있음을 압축적으로 보여주며, 장애와 비장애의 차이에 대한 사회적 수용을 조용히 웅변하는 설득력을 발휘한다. 흔히 패러디는 진지한 대상을 풍자하거나 희화화하는 정도로 사용되었으나, 포스트모더니즘 이후로는 그 전복적 정치력으로 인해 재평가를 받게 되었다. Hutchoen(1985)은 '비평적 거리를 둔 확장된 전복'으로 패러디를 정의함으로써 포스트모던한 정치성을 부가한다. 이러한 저항 전략으로서의 패러디는 비장애인의 정상적인 머리라는 특권화된 보편성을 해체하는 효과적인 기제로 작용한다.

이 극이 보여주는 가장 신랄한 아이러니는 Merrick에 대한 의학적 치료를 위한 Treves의 노력이 Merrick의 삶을 통째로 앗아가게 되는 일련의 과정에서 드러난다. 여기서 Treves는 단지 한 사람의 의사라기보다는 대중적 인식의 대변자요, 사회적·문화적 이데올로기를 구현하는 실천적 지도자의 전형이다. 따라서 Merrick의 죽음은 그 사회가 그에게 가한 이데올로기적 폭력의 결과가 되는 것이며, 이 극은 이러한 폭력성에 대한 비판이자 경종이 된다.

이 극에서 Merrick은 죽음을 통해 사회의 폭력성을 고발하는 인물로 설정되어 있어, 스스로 관습적 질서를 뛰어넘어 자신의 삶을 수호하고 기존의 지배담론을 해체하는 인물로 무대 위에 나타나지는 않는다. 그러나 의식 있는 관객은 이 극에서 새로운 장애 담론에 대한 확장의 여지를 역동적으로 읽어낼 수 있으며, 행간에서 암시되는 전복적 저항의 담론을 엿볼 수 있다.

3. 장애인의 자기결정과 사회적 역할 가치화의 관계

1) *The Cure at Troy*

*The Cure at Troy*는 장애인의 자기결정권과 사회적 역할 가치화의 문제를 연극 무대로써 극명하게 노출시키고 있다. 이 작품에 대해 본 연구가 주시하고 있는 점은, 주인공인 Philoctetes가 신궁으로 명성을 떨치던 전쟁 영웅이었으나 트로이 전쟁 출정 과정에서 우연히 장애를 얻게 됨으로써, 그 장애가 이후로 그의 삶에 어떻게 작용하여 그의 의지와는 무관하게 삶을 변화시키게 되며, 그 과정에서 사회적 역할 가치화의 문제와 자기결정의 문제는 어떤 함수관계에 놓이는가 하는 점이다. 더욱이 *The Cure at Troy*는 고대 희랍 비극인 Sophocles의 *Philoctetes*를 원작으로 하여, Heaney가 다시 쓴 현대극이어서, 장애의 개념과 자기결정, 그리고 사회적 역할가치화라는 주제를 원형으로부터 탐색해볼 수 있는 텍스트가 된다.

Edward Wilson(1941)은 문학적 은유로서의 장애에 대한 수사학 이론을 최초로 제기하면서, Philoctetes 신화를 인용하여 예술가의 상처를 논한 바 있다. 이는 곧 Philoctetes의 장애와 예술가의 상처를 유사한 차원에서 해석할 수 있다는 의미가 된다. 사실 군인으로서 Philoctetes의 비범한 능력과 정신세계는 예술가의 기질이나 예술혼과 유사한 측면이 있고, 또한 Lemnos섬에 유배된 Philoctetes처럼 예술가도 대중 속에서 융합하기 어려운 혼자만의 세계에 갇혀 지내는 속성이 있다. 한 개인이 감내해야 하는 실존의 조건에 대한 고독한 수용을 극명하게 설파하는 데 있어 Philoctetes 신화는 최선의 비유가 될 수 있다.

그런데 여기서는 Philoctetes의 장애를 계기로 한 삶의 변화에 초점을 맞추고, 위의 두 경우 간의 구체적인 차이를 드러내는 관점에서 접근해볼 필요가 있다. 즉, 예술가의 고립된 세계는 다분히 자신의 선택에 따른 결과라고 할 수 있는 반면, Philoctetes의 유배는 결코 자의적인 결정이 아니라는 차이가 명백히 드러난다. 또한 예술가가 외부세계와의 소통과 상호작용 과정에서 입게 되는 상처는, 일방적이며 수동적으로 안게 되는 장애인의 정신적 상처와는 전혀 다른 측면이 있다는 것이다. Thompson(1997)은 장애가 '타자성의 징표(the mark of Otherness)'로 인식되는 현실을 지적한 바 있는데, 기실 장애인의 상처가 주로 '타자'로 인식되는 데서 파생되는 것임에 반해, 예술가는 대중의 인식 속에서 결코 타자로 자리매김되지는 않는다는 차이가 있다. 따라서 Wilson의 수사학은 예술가의 처절한 예술혼에 대한 공감을 설파하고자 한 시도로서 더 큰 의미를 찾을 수 있다. 오히려 Philoctetes의 상처는 사회적 역할 가치화 이론에서 말하는, 장애 등으로 인해 사회적으로 가치절하된 사람들이 안게 되는 사회적·정신적 상처라고 할 수 있다.

Philoctetes가 트로이 전쟁 출정과정에서 뜻하지 않게 입은 발의 상처는 Oedipus의 신화를 연상시키는 것이기도 하다. Levi-Strauss (1963)가 Oedipus신화에 대한 분석과정에서 주목하였듯이, Oedipus 는 본래 '부은 발(swollen foot)'이라는 뜻이고 실제로 왕이 Oedipus를 버릴 때 발꿈치에 상처를 내기도 하였다. 상처 입은 발을 지닌 두 신화적 인물들은 모두 개인적인 차원에서는 비범한 능력의 소유자이 며 자신이 추구하는 도덕성을 고수하고자 했던 영웅적 인물들이다. 그러나 이 두 신화적 인물들이 입은 발의 상처는 상징적으로 균형잡 힌 자세가 어렵게 된 그들의 입지를 드러내기도 한다. 그들이 추구하 는 도덕성은 사회적 가치와 충돌하게 되고, 그에 따라 그들의 영웅적 인 면모도 빛을 잃어가게 된다. 자기결정이 사회적 역할 가치화와 양립할 수 없는 것이 될 때, 필연적으로 비극적인 결과를 낳게 되는 현실을 잘 보여주는 원형적인 예인 것이다.

트로이 전쟁을 노래한 Homer의 서사시에서 Philoctetes는 단연 전 쟁 영웅이었지만, 후대 극작가들의 작품에서 그는 비극적 주인공으로 변모하게 된다. 특히 Sophocles의 작품에서는 비극적 주인공으로서 의 면모가 가장 뚜렷이 부각되었다고 해서 대표적인 Philoctetes극으 로 인정받기도 한다. 이러한 비극성을 낳게 한 핵심은, Philoctetes가

Lemnos섬에 철저하게 혼자 남겨졌다는 점의 강조와, 그렇게 혼자 남겨진 경위의 부당성에 대한 부각이다. Sophocles와 함께 고대 그리이스의 3대 비극작가로 꼽히는 Euripides나 Aeschylus의 극에서는 Philoctetes가 Lemnos섬에서 다른 거주민들과 함께 있는 것으로 설정되어 있어서, Philoctetes를 철저하게 혼자 남겨두는 상황은 나타나지 않는다. 그러나 Sophocles의 극에서 Philoctetes는 공적인 임무수행의 과정에서 입은 치명적인 상처를 안고 동족인 그리이스인들에 의해 십 년째 홀로 무인도에 유기된 상태로 그려진다. 이러한 Sophocles의 극과는 달리, Homer의 서사시에서는 Philoctetes가 혼자 남겨졌다는 언급이 없고, 특히 Odysseus와 관련된 직접적이고 구체적인 지적도 없으며, 따라서 그리이스인들의 소환 요청에 대해 Philoctetes가 그토록 분노할 까닭도 없으므로, Homer의 Philoctetes는 비극적 영웅으로 분류되지 않는 것이다.

Philoctetes는 Helen의 구혼자 중 한 사람으로, 트로이 원정에 참여하여 출병하던 중 제물을 바치기 위해 신전에 들른 사이 물뱀에게 발을 물려 악취가 풍기고 고통이 심한 상처를 입게 된다. 이 악취와 고통의 비명소리가 군대의 사기에 저해요인이 된다 하여 Philoctetes는 다른 병사들과 함께 출정하지 못하고 Lemnos섬에 혼자 남겨지게 된다. 무인도에서 혼자 어렵사리 목숨을 연명하던 Philoctetes가 그리이스군에게 다시 필요한 존재가 된 것은, 그가 Hercules(=Heracles)로부터 물려받은 활과 화살을 가지고 있었기 때문이다. 트로이의 예언자가 바로 그 활과 화살이 있어야지만 트로이를 함락시킬 수 있다고 예언한 것이다.

신화에 의하면 Philoctetes가 Hercules의 활과 화살을 갖게 된 경위는 Hercules의 죽음과정에서 연유한다. Philoctetes가 양을 찾아 Oeta산을 지나고 있을 때 죽음을 맞이할 준비를 하던 Hercules가 쌓아놓은 장작더미 위에서 누군가 장작에 불을 지펴주기를 원했다. 그런데 그가 살아있는 동안에는 장작에 불을 지피려는 부하가 한 명도 없어서, 마침 지나던 Philoctetes에게 Hercules는 불을 지펴주면 그 대가로 자신의 활과 화살을 Philoctetes에게 물려주겠다고 하였으며, 그의 말에 따라 Philoctetes는 장작에 불을 지피게 되었다고 한다. 이러한 경위로 Philoctetes가 Hercules의 활과 화살을 지니게 된 것은 결국 영웅 중의 영웅이며 신궁이었던 Hercules의 역할을 Philoctetes가 물려받은 것이라고도 해석할 수 있다.

당대 최고의 활 솜씨를 지녔지만, 우연히 얻게 된 장애로 인해 공공의 이익에 반한다는 명분으로 Philoctetes는 국가와 민족에 공헌하는 애국자이기는커녕 해악을 입히는 사람으로 분류되어 격리되는 처지에 이른다. 이러한 처사를 그리이스인들의 비인간적이고 부당한 처사로 볼 것인가 아니면 정치적으로 군사적으로 불가피한 합목적적인 것으로 보는가에 따라, 극의 발단이 현저히 달라지게 된다. 부당한 처우를 받은 Philoctetes의 현실을 강조할수록 Philoctetes가 동족에 대해 가지고 있는 깊은 불신과 원망이 합리화되고 또한 비극적 갈등을 유발하는 동기이자 요인으로 부각된다.

*The Cure at Troy*는, 작가인 Seamus Heaney 자신이 밝히고 있듯이,

고대 그리이스의 대표적 비극작가인 Sophocles의 *Philoctetes*를 원전으로 하여 Heaney가 다시 쓴 현대의 Philoctetes극이다. Philoctetes가 Homer의 서사시로부터 고대 그리이스의 3대 비극 작가에 이어, Andre Gide나 Tom Stoppard 등의 걸출한 현대 작가에 이르기까지 거듭 연극의 주인공으로 등장하곤 하는 것은, 일반적으로, 트로이 전쟁이라는 정치적 상황을 배경으로 한 그의 삶의 여정에서 드러나는 이율배반적인 가치의 제시 때문이다. 개인적 도덕성과 정치적 대의명분은 둘 다 인간사회의 필수적인 덕목이면서 동시에 상충하는 갈등 구조로 이어질 수 있는데, 이 과정에서 탄생하는 비극적 영웅이 Philoctetes라고 보는 것이다.

Heaney의 극에 와서는 트로이 전쟁에 비견될 수 있을 만큼 지루하고 복잡한 북아일랜드의 정치·사회적 갈등 상황이 은유적 배경으로 작용하며 Philoctetes라는 비극적 영웅을 탄생시키게 된다. 1995년 노벨문학상을 수상한 Heaney는 향토색 짙은 민족 정서를 잘 담아내는 시인으로 알려진 북아일랜드 출신의 작가이다. 영국의 식민통치 역사를 안고 있는 북아일랜드는, 그 역사의 연장선상에서 이후로도 분쟁이 계속되는 복잡한 정치·사회적 상황을 이어가고 있다. 식민정책의 전통과 탈식민의 상황이 개인의 실존에 미친 절대적 영향을 몸소 체험하고 절감하며 성장한 Heaney로서는, 고전을 활용한 담론의 내재적 의미 확장이라는 효과를 인식하고 *The Cure at Troy*를 썼으리라고 볼 수 있다. 아일랜드 문학에서는 고전을 소재로 한 작품을 아직도 많이 볼 수 있는데, 식민정책으로 인해 영국인들로부터 야만인 취급을 받아온 아일랜드인들이 고전을 통해 국가적 관심사를 표현함으로써 효과적인 담론의 도구로 활용한다는 주장은 설득력이 있다(McDonald, 1996).

전쟁에 승리할 수 있다는 예언에 따라 Odysseus는 Lemnos섬으로 Philoctetes를 찾아나서게 되는데, 여기서부터 연극이 시작된다. *The Cure at Troy*의 막이 오르면 Odysseus는 Neoptolemus를 내세워 Philoctetes를 설득함으로써 Philoctetes가 가지고 있는 활과 화살을 되찾으려고 시도한다. 무엇보다, 홀로 무인도에 유기된 채 조국과 동료들에 대한 원망과 불신만 키워가고 있는 Philoctetes가 신뢰할 수 있는 인물을 협상의 사자로 보내는 것이 중요하기 때문에 Neoptolemus가 선발된다. Neoptolemus는 Philoctetes의 유배와 무관한 인물이면서, 그리이스의 영웅 중에서도 영웅이라고 할 수 있는 Achilles의 아들이므로, Philoctetes로 하여금 동료 군인들에 대한 불신과 원망을 잠시 잊고 동경과 향수에 젖어 신뢰로써 대하기에 충분한 인물이라고 판단한 것이다.

Neoptolemus는 Odysseus와 대조적인 성격이자 상반된 가치를 대변하는 인물로 등장한다. Odysseus가 제시하는 책략에 거부감을 표하는 Neoptolemus에게 Odysseus는 트로이 함락에 절대 필요한 그 임무의 완성이 가져다 줄 국가적 의미를 상기시키며, 동시에 개인적으로도 보장되는 영광된 미래를 강조하면서 Neoptolemus를 설득하고 회유한다. 이 극에서 Neoptolemus는 시종일관 순수한 이상주의자로 나타나며, 상황논리의 변통에 능한 현실적 책략가인 Odysseus와는 정반대의 가치를 대변한다. Sophocles의 극에서 Neoptolemus를 설득하는 Odysseus의 대사가 힘찬 웅변과 현란한 수사로 가득차 있는 데 비해, Heaney의 극에서 그의 대사는 보다 현실적이고 간결하다. "그래, 난 Philoctetes를 여기에 버렸어. 그를 고립시켰지. 그렇지만 그건 그렇게 명령을 받았기 때문이었어(Yes. I left Philoctetes here. Marooned him— but/Only because I had been ordered to, 3)"라고 말하며 그는 Philoctetes의 유기를 자신이 주도했음을 인정한다. 그러면서도 당시로서는 그 상처의 발작이 너무 심하여 다른 군사들과 도저히 함께 움직일 수 없는 불가항력적인 상황이었음을 설득하려 한다. "우린 제단에서조차 평화로울 수가 없었어. 그를 도려내지 않고서는 말야, 그 고함치는 발작, 그리고 울며 저주하는 것을. 그의 증상이 우리를 극단으로 몰고 갔지 (We couldn't even get peace at the altar/Without him breaking out these howling fits, / And slabbering and sursing. / He was putting us on edge. 3-4)". 이 일련의 대사에서 Odysseus는 자신도 또한 외적인 힘에 종속된 힘의 대변자라는 사실을 주지시키려 함을 볼 수 있다. 이 외적인 힘은 군사적 위계상의 힘이라기보다는 사실상 정치·사회적인 대의명분이요 시대적 이데올로기라고 볼 수 있다.

Odysseus가 말하는 대의명분과 상황논리는 이상주의자 Neoptolemus를 설득하기에 이른다. Neoptolemus에게도 국가적·민족적 대의명분은 역시 중요한 가치로 받아들여진 것이다. Odysseus와 Neoptolemus는 대조적인 성격의 인물로 제시되지만, 전사회적으로 통용되는 가치체계는 공유할 수밖에 없음이 드러난다. 특히 Sophocles 극에서

Odysseus의 대사가 임무의 완성이 가져다 줄 Neoptolemus의 영광된 미래를 강조한 데 비해, Heaney의 극에서는 민족과 국가라는 절대다수의 공익을 위해 Philoctetes 한 사람의 희생이 불가피했음을 강조한 데서, 가치의 충돌이라는 구도는 더욱 선명해진다.

다수의 이익이나 혹은 여타의 거대한 명분에 대해, 개인의 인권이나 삶의 질이 대립관계에 놓일 때, 인류의 역사는 개인의 삶을 최대한 보장하고자 노력하는 방향으로 투쟁해오고 있는 것은 사실이다. 그리고 나아가 소수자의 권익과 관련한 가치라는 이유만으로 희생을 강요할 수 없는 문화적 인식의 기반도 어느 정도 이루었다. 그러나 지난 세기 무렵까지 전반적인 문화에 대한 복수적 개념의 이해가 인식의 틀이나 가치 개념에도 파급되었고, 지배문화와 하위문화의 구분과 함께 가치의 대립구도 형성이 이어져온 것도 또한 인정하지 않을 수 없다. 가치 체계나 이데올로기 같은 비판적인 용어들이 나오는 것도, 집단성으로부터 구분하는 개념으로 문화를 적용해온 경향에서 연유한다(Jenks, 1993). 이 시대의 정신을 대변하는 포스트모더니즘이나 탈식민주의가 주장하는 다문화주의가 내적 식민주의의 해소를 위한 강력한 대안으로 부상하는 것과는 정반대의 관행이었다고 할 수 있다.

정치적인 힘과 문화적인 힘이 혼합되어 지배적인 세력을 구축하려고 충돌하는 상황에 대해서는 Antonio Gramsci의 헤게모니 이론을 적용해볼 수 있다. Gramsci(1994)는 사회의 상위층이 지배를 위해 굴복시키는 경향이 있다고 지적하면서, 상위층은 지배나 지도의 형태를 취하는데 대체로 권력을 획득하기 전에는 지도력을 행사하다가 권력을 행사하게 되면 지배하게 되며, 굳건히 지배하고 있으면서도 계속해서 지도한다고 말한다. 지배집단 문화가 하위집단 문화를 구분하며 거리를 두는 방식은 지배문화가 초월성을 획득하게 하는 메커니즘이기도 하다(Jenks, 1993). 북아일랜드에서 신교도 통합파들이 유독 교육의 특혜를 누려온 것도 그들의 지배를 위한 지도의 단계에서 필수적인 사회적 장치이며, 그러한 역사적 현실의 필연적 결과로 인해 지도적인 위치를 점할 수 없는 구교도 공화파에게 있어 지배를 위한 방법은 무력을 사용해서 상대를 굴복시키는 것이었을 터이므로, 북아일랜드 무력 충돌의 역사는 피하기 어려운 현실이었다 할 수 있다. 여기서 계몽과 진보를 내세우는 지배집단이 쓰는 식민의 역사는 피지배집단의 문화적 차이를 무시하고 그들을 문명이 없고 폭력과 혼란 속에 사는 야만인의 이미지로 단순 묘사하는 것임을 상기하게 된다. 정치적인 힘과 문화적인 힘, 그리고 지적임 힘이 혼합되어 식민주의를 낳는다고 할 때, 문화적 재현도 정치적 맥락에서 이해할 수 있는 것이며, 우리가 살고 있는 재현의 세계에서 정치적 맥락의 재현은 주로 제국주의적인 것이라고 Said(1995)는 지적한다. 제국주의적 통치와 권력에 대한 식민 세력의 비판과 저항은 바로 탈식민주의의 출발점이다.

Sophocles의 Philoctetes극이 보다 형이상학적인 가치의 충돌에 중점을 두었다면, Heaney의 극에서는 좀더 구체적인 현상의 문제를 드러내고자 한다. Heaney는 조국인 북아일랜드의 상황을 관객들에게 보여주고, 대립적인 입장만을 고수하려들기보다는 가치의 충돌로 인한 상처를 치유(cure)하기 위한 묘약을 찾는 데 지향점을 두고 있다고 할 수 있다. 그러한 맥락에서 Odysseus라는 인물의 성향을 강조하기보다는 Odysseus가 대변하는 가치의 사회적 맥락을 드러내려는 차이를 보이고 있다.

Neoptolemus를 만난 Philoctetes는 Odysseus의 예상대로 그가 Achilles의 아들이라는 소개를 받고는 어떤 의심이나 원망도 없이 그를 맞는다. 게다가 Achilles가 죽은 후 그의 유품을 놓고 벌어진 다툼에서 Odysseus가 계략으로 그것을 차지한 과정에 대해 얘기하면서 두 사람은 Odysseus에 대한 부정적인 인식을 같이 한다. 두 사람의 대화 과정에서 Philoctetes는 자신을 절해의 고도에 유기한 사람들과 결탁하여 누리게 될 영화를 선택하기보다는 고향집으로 돌아가고자 하는 소망을 단호히 주장한다. 이 장면은 공공의 합목적성이라는 명분과 개인적 도덕성과 행복 추구라는 상반되는 양면의 가치를 첨예하게 대립시키며, Lemnos섬에 유기될 때 자기결정권이 박탈당한 이후로 다시 한 번 Philoctetes의 자의적인 선택이 수용될 수 있을지 주목을 끌게 된다.

앞서 언급했듯이 Philoctetes는 뜻밖에 얻게 된 장애로 인해 부당한 가치절하를 경험하고, 동료들로부터 거부당한 것은 물론이고 악영향을 끼치는 사회적 부담으로 인식되어 격리된 상태에 처해 있다. 이러한 Philoctetes에게 자기선택과 자기옹호의 기회는 쉽사리 부여되지 않는다. 사회적 역할 가치화 이론에서 말하듯, 사회적으로 가치절하된 Philoctetes에게 양질의 삶의 요소들은 접하기 어려운 것으로 남아있다. 그의 경우에서 자기결정과 관련한 부정적 요인은 사회적 역할 가치화의 차원에서 긍정적 상관관계가 이루어지지 못하고 있다는 점이다. 이 연극이 보여주는 이러한 극적 상황은 장애인의 자기결정과 사회적 역할 가치화가 불가분의 함수관계라는 가설을 잘 입증해준다.

Philoctetes와 그를 둘러싼 세계는 가치절하된 평가와 부정적 이미지를 상호교환하는 관계로 악화되어 불신과 원망 등의 부정적 변수만 극대화된 상황이다. Heaney는 이러한 상황의 Philoctetes에게 자기 연민의 위험성도 아울러 경고한다. 이는 물론 조국인 북아일랜드 사태의 평화적 해결을 희구하는 작가의 시각으로, 이 극이 Sophocles의 극과 다른 점 중의 하나이기도 하다. Heaney는 자기 연민에 빠져 자기 상처의 고통만을 호소하며 그 상처의 진정한 치유로부터 멀어지는 Philoctetes의 현실을 냉정하게 통찰하고 있다. Heaney는 개인의 희생을 담보로 한 대의명분과 사회적 무책임을 질타하면서, 동시에 Philoctetes 자신의 가치를 향해서도 의문을 던진다. 이 극에서 Heaney는 사실상 어느 한 편의 입장만을 지지하는 'dramatis personae'를 제시하지는 않는다. 그는 인물에 초점을 두기보다는 상황을 보다 부각시키고 그 상처를 어떻게 다스려나갈 것이며, 진정한 명예가 무엇인지를 묻고자 하는 의지를 보인다.

Philoctetes의 상처가 다시 발작을 일으켜 출발이 지연되는 과정에서 Neoptolemus의 이상주의적 가치가 다시 드러난다. Philoctetes가

의식을 잃은 사이에 활과 화살을 훔칠 수도 있었지만, Neoptolemus는 그러한 선택을 하지 않는다. 그렇지만 현실의 대의명분과 상황논리는 그의 이상주의에도 파고들어, 그도 갈등하는 양면가치로부터 완전히 자유로울 수는 없다. Neoptolemus는 Philoctetes의 눈을 속여 활을 수중에 넣지는 않았지만, 일단 받았던 활과 화살을 선뜻 Philoctetes에게 돌려주지는 못한다. 그리고 '자신에게로 돌아가라'는 Philoctetes의 경고의 외침도 Neoptolemus가 뒤늦게 받아들인 국가적 이상주의라는 명분 앞에서 힘을 발하지 못한다.

작가는 이 극에서 개인적이고 인간적인 윤리와 그 개인이 속한 집단의 요구 사이에서 갈등하는 모습이라든가, 인간은 보통 상처를 치유하고자 하는 열망보다 오히려 상처 혹은 상처 받은 영혼에 대한 자존감의 상실이 더 크다는 사실, 그리고 여기에 무절제하고 자기도취적인 문화에 힘 입어 현실적으로 만연하는 그릇된 자긍심과 악한 영혼의 분출들을 목격하고 이를 해결할 '중용의 도(golden mean)'를 제시해보고 싶었다고 한다(McDonald, 1996). 또한 Heaney는 Sophocles가 제기했던 진정한 명예와 수치의 문제, 개인적 도덕과 대의적 가치 간의 갈등, 그리고 사적인 성실성과 정치적 도의의 차이 등을 다시 물으면서, 동시에 조국과 민족의 상처를 위한 치유책을 묻고 있다.

본래 Heaney의 극작 의도대로라면, 이 극의 대단원을 처리함에 있어서 Sophocles의 극과는 달리, Philoctetes로 하여금 자의적인 결정에 따라 일행과 함께 트로이로 가서 전쟁의 승리에 직접 동참하도록 하는 결말을 구상했었다고 한다(Richards, 2000). 결국 Heaney는

Sophocles의 결말과 크게 다르지 않은 정도로 '대단원의 해결책(deux ex machina)'을 선택했지만, 단지 아일랜드의 상황을 전달하는 주제가 아닌, 아일랜드 상황의 문제점을 드러내고 치유책을 찾아보고자 하는 주제가 작품 전반에 걸쳐 나타나도록 하였다(Vandler, 1998). 또한 Philoctetes를 통해 제시되는 극적 상황에서는, 장애로 인한 사회적 가치절하와 그에 따른 부당한 자기결정권의 박탈은 개인과 사회의 상호 노력을 통해서만 해결의 실마리를 찾을 수 있음을 시사한다고 볼 수 있다.

장애나 빈곤, 혹은 여타의 사회적 차별을 유발할 수 있는 요인으로 인한 권력관계의 형성은 곧 인권의 침해로 이어져 기본권으로서의 자기결정권을 무력화시키며 가치체계에도 영향을 미쳐 식민적 상황을 일반화시키기에 이른다. 식민적 정치·사회 구조를 딛고 탈식민의 역사를 새로이 쓰고자 하는 북아일랜드의 상황을 담은 연극 텍스트는, 모든 권력 관계의 이면에 드리워진 제국주의의 그림자도 식민 이데올로기가 종언을 고한 시대정신의 빛에 사라질 것임을 또한 시사한다. 그리고 역사적 연장선상에서 시대정신이 확보한 개인의 인권이라는 추상적인 가치를 현실적인 가치 부여로 자리매김 시키고자 하는 것이 SRV의 함의라고 할 수 있다.

장애인의 삶에서 그를 둘러싼 '보통사람들'에 의해 사회적 역할 가치화가 이루어지게 되면, 장애로 인한 차별적 불리는 실제적으로 존재하지 않는 개념이 될 수도 있다. 그러나 전사회적 차원의 지원이 미비한 상황에서는, 장애인을 포함한 사회적 소수자 집단의 자기결정권이 공허한 개념으로 남을 수 있다. 이러한 차원에서 자기결정의 실현과 사회적 역할 가치화는 서로 불가분의 함수관계에 놓일 수 있다는 점을 이론적 논의와 함께 연극 텍스트를 통해 조명해 보았다.

Seamus Heaney의 *The Cure at Troy*에서 주인공 Philoctetes는 우연히 얻게 된 장애로 인해 전쟁 영웅으로서의 사회적 위상과 위엄을 박탈당하고 자기결정권 또한 무시당한 채, 부정적인 가치의 부과는 물론이고 사회적 부담으로까지 인식되어 무인도에 격리된 상태로 지내게 된다. 부당한 가치절하와 그로 인한 사회와의 단절은 자신이 속한 사회와 국가에 대한 불신과 원망을 낳기에 이른다. 연극 속 Philoctetes의 처지는 SRV를 지지하는 학자들의 주장과도 상통하는 것으로, 가치절하된 개인이 사회로부터 부당한 입지를 강요당하는 전형적인 사례와 흡사하다. 이 연극은 정치·사회적으로 식민적 상황을 벗어나 탈식민의 역사로 진입하는 작가의 조국인 북아일랜드의 평화를 모색하는 열망을 담고 있지만, 또한 개인 / 집단 / 계층 / 사회 / 국가 등의 상호관계를 분석하는 포스트모던한 담론의 틀로 적용되곤 하는 탈식민주의의 관점으로 등장인물들의 상호관계를 조망하는 해석의 여지도 제공한다. 대의명분을 내세워 식민적 권력을 행사하는 지배적 담론 너머의 시민권 차원의 자기결정권 행사는 사회적 역할 가치화와 접점을 이룬다. 민주적 가치에 대한 부당한 도전을 막고 공존하는 사회적 삶의 질을 제고한다는 차원에서 자기결정과 사회적 역할 가치화는 순환적 함수관계에 있다고 할 수 있다.

2) *The Glass Menagerie*

*The Glass Menagerie*는 현대 미국 연극을 대표하는 극작가 Tennessee Williams의 자서전적인 초기 대표작이다. Pulitzer 상을 비롯하여 극작가로서의 영예를 입증할 만한 많은 상들을 휩쓸었고, 특히 많은 작품들이 영화화됨으로써 어느 작가 못지않게 대중적인 인지도를 확보한 작가이다. 그가 활동하던 20세기 초반과 중반 무렵의 미국은, 세계대전이라는 국제 정세의 여파로 인한 혼돈과 불안의 그림자에다가, 한참 고조되어 가던 산업화 물결의 어두운 이면, 그리고 공황이라는 불안한 경제적 환경 등이 혼재한 시기를 맞고 있었다. Williams는 성장기에 잦은 병치레를 하는 허약한 체질이었던 것으로 알려져 있으며, 훗날 심한 정신분열증에 시달릴 정도로 불안한 심리 상태를 보인 사람이었다. 또한 가족 중에는 정서행동장애와 지체장애라는 중복장애를 지닌 누나가 있는 장애인 가족이었다. 그의 초기작인 *The Glass Menagerie*는 이러한 작가의 자전적인 환경과 경험을 극화한 작품으로 알려져 있다.

많은 부분에서 이 극은 유년시절 작가가 직접 겪은 경험의 근간을 극화하고 있어서, 작가에 대한 이해가 곧 작품의 이해로 직결된다. 영락한 명문가 출신으로 술과 포커에 능하며 다소 공격적이고 폭력적인 성향이었던 부친은, 직장을 이유로 자주 집을 비우곤 하였으며 가끔 집에서 시간을 보낼 때에도 섬세한 성격과 약한 체격의 Williams에게 용기와 위안을 주지는 못하였다고 한다(Tischler, 1961). 이 극에서도 아버지는 무대 위의 벽에 걸린 액자 속 사진으로만 가정을 지키는 인물로 나타나 있다. 아버지가 부재한 가정의 모든 책임을 짊어진 어머니 Amanda는 비교적 유복하고 화려한 처녀 시절을 보낸 남부에서의 낭만적인 추억을 끌어안고 신흥 도시 세인트루이스(St. Louis)에서의 궁핍하고 힘든 생활을 어렵사리 이끌어가는 인물로 등장한다. Amanda가 기억하는 남부는, 실제로 작가 자신이 성공회 신부였던 외조부의 보살핌을 받으며 미시시피(Mississippi)의 교구 사제관에서 지냈던 행복한 유년기를 대변하는 곳으로, 목가적 그리움이 가득한 잃어버린 낙원과도 같은 곳이다.

전원적인 남부에서의 꿈같은 생활이 좌절로 이어지게 된 계기는 Williams의 실제 생활에서나 작품 *The Glass Menagerie*에서나, 부친의 직장을 따라 미주리(missouri)의 세인트 루이스로 가족이 이주하면서부터이다. 당시 세인트 루이스는 산업화의 물결에 휩쓸려 어수선하고 복잡하며 빈부의 격차가 대조적으로 드러나는 곳이었다. 새로운 고층 건물이 들어서는 이면에는, 막 도시생활을 시작한 서민들을 수용하는 옹색하고 불결한 공동주택들이 난립하고 있었다. *The Glass Menagerie*에서 극중인물인 Wingfield 가의 사람들이 살고 있는 것으로 묘사된 아파트는, 바로 작가 자신이 살았던 궁색한 주거 환경을 그린 것이었다. 작가는 세인트 루이스라는 산업 도시 이면의 어두운 생활상을 드러내는 효과적인 장면으로 *The Glass Menagerie*의 막이 오르도록 설정하였다. "윙필드 가의 아파트는 건물 뒤편에 있는데, 중하류 계층 사람들이 북적대며 살고 있는 도심지에 사마귀처럼 번성하고 있는 거대한 벌집 같은 덩어리에 들어있는 세포처럼 작은 집들 중의 하나 이다(The Wingfield apartment is in the rear of the building, one of those vast hive-like conglomerations of cellular living-units that flower as warty growths in overcrowded urban centers of lower-middle-class population)"(Scene I: 143).

빨랫줄이 얽혀있고 빈 깡통들이 뒹구는 음울한 협곡과도 같은 골목, 이리저리 나있는 출입구 겸 화재 대피 계단들, 유혹하듯 깜빡거리는 극장의 불빛, 댄스홀에서 흘러나오는 퇴폐적인 음악 등, 아파트 주변의 풍경도 이 극의 암울한 분위기를 상징적으로 전해주는 장치들이 되고 있다. Styan(1981)이 영혼을 파괴하는 도시 환경이라고 지적한 이러한 곳에서 Wingfield가의 인물들은 힘겨운 생활을 이어가고 있다. 이 극의 나래이터이자 중심 인물이라 할 수 있는 Tom은 극중에서 "미국의 거대한 중산층은 맹인학교에 입학한 것 같다(the huge middle class of America was matriculating in a school for the blind)"(Scene I: 145)고 말한다. 이는 예측불허의 시대 상황과 변화의 흐름에 삶을 맡긴 채 희미한 비전을 암중모색하는 당시 미국 소시민들의 상황에 대한 비유적 표현이다.

이 극의 시대적 배경은 1930년대 미국의 대공황기이자 세계대전의 전운이 감도는 시기로서, 정치적으로나 경제적으로 불안하고 위태롭던 시기였다. 극중인물들의 가정도 경제적 어려움에 시달리며 정서적인 안정감도 결여된 중하류층의 가정으로 설정되어 있다. 궁색한 Wingfield가의 생활을 유지하기 위해 Amanda는 잡지 판매원으로 힘겹게 일하고 Tom은 구두회사의 창고 직원으로 일한다. Tom은

숨막히는 현실세계인 집을 떠나고 싶어 하며 시인의 상상 세계에서 위안을 얻으면서도, 진정한 낙원과는 거리가 먼 파라다이스 댄스홀에서 찰나적인 위안을 얻곤 한다. 새벽이 되도록 영화를 보고 마술사의 묘기를 보면서, 구차스러운 환경에서 벗어나는 묘기의 환상을 꿈꾸기도 한다. Williams의 표현대로, "느릿느릿 필사적으로 타오르는 인간적 절망의 불길(···burning with the slow and implacable fires of human desperation)"(Scene I: 143)이 공존하는 삶의 현장은 등장인물들에게 질식할 것 같지만 외면하거나 거부할 수 없는 삶의 조건이다.

　장애인 주인공 Laura는, 이러한 사람들 간의 심리적 소외와 정서적 불안정, 그리고 정치·경제적 불균형 등의 현실에 대한 상징적이고 은유적인 설정으로 나타난다. 심신의 장애를 안고 살아가는 Laura는 사회로부터 철저히 고립된 채, 유리동물 수집을 취미로 여기며 유리동물들과 함께 하는 세계에서만 위안을 얻고 안정감을 느끼는 인물로 그려진다. 이 극에서 Laura라는 인물은 일견, 억척스러운 캐릭터인 Amanda와 극을 이끌어가는 중추인 Tom의 중요도에 비해 상대적으로 극적 위상이 축소되어 보이기도 한다. 그러나 이 극의 제목인 '유리동물원'은 Tom이나 Amanda보다는 Laura와 직접적으로 연관되는 상징이다. 정서적으로 불안하고 몸이 허약하여 금방이라도 쓰러질 것 같은 Laura는 바로 부서지기 쉬운 유리를 닮아 있으며, 동물원에 갇혀 있는 유리동물들은 사회와 단절된 채 집에 갇히다시피 한 고립된 생활을 하고 있는 Laura의 현실과 매우 흡사한 것이다.

Laura는 한쪽 다리를 저는 경도의 지체장애와 함께 심각한 정서적 불안과 사회성의 결핍을 보이는 정서행동장애를 복합적으로 안고 있다. 실제로 Williams의 누나 Rose도 그가 청년 시절 집을 떠나 있는 동안 정신분열병 치료를 위해 뇌전두엽 절제술을 받은 경험이 있었다. 그러나 수술이 성공적이지 못하여 이후로 계속 정신병원에 수용이 된 채 지내게 되는데, 이러한 누나에 대한 Williams의 사랑과 죄책감은 이후로도 한결같이 지속되며, 그의 많은 작품에 정신질환을 앓는 주요 인물이 등장하도록 하는 배경이 된다.

특히 The Glass Menagerie에서 Laura에 대한 작가의 애정 어린 묘사는 장애인 가족의 복잡한 심정을 섬세하게 대변해준다. 장애는 일반적으로 신체적, 정신적 결함에 의해 일상생활이나 사회생활에 불편을 겪는 것으로 정의하지만, 장애인의 장애 정도는 그를 둘러싼 환경적 지원의 정도와 형태에 따라 얼마든지 다르게 해석되고 인식될 수 있다는 것이 현대적인 관점이다. 일반적으로 장애가 경제적 빈곤이나 가족을 포함한 주위의 무능과 무지 등과 결합될 경우, 장애로 인한 사회적 소외는 더욱 심화될 수밖에 없는데, 이 극에서 Laura는 이러한 어려움을 모두 안고 있는 상황으로 설정되어 있다.

Amanda는 장애인 딸인 Laura에게 필요한 것은 직업교육이라는 막연한 생각으로, 딸을 실업학교에 등록시켜 타자를 배우도록 한다. 그러나 얼마 후 학교에 들른 Amanda에게 타자 선생님은 Laura가 등록 후 곧 학교를 그만두었다고 말하며, 학교생활에 적응을 하지 못한 Laura에 대해 이렇게 설명한다.

그 애는 손을 너무 떨어서 타자 키를 제대로 칠 수 없을 정도였어요! 처음 타자시험이 있던 날은, 완전히 정신을 잃고 탈까지 나서 화장실로 데려가야 했을 지경이었구요! 그날 이후로는 아예 학교에 나타나지도 않았어요(Scene II: 154).

이러한 Laura의 모습은 작가 자신의 경험에 기초한 것이기도 했다. 어머니가 Williams를 유치원에 입학시킨 날, 배정된 학급에서 불과 십여 분간 재미있게 놀다가 어머니가 안 계신 것을 알고는 바닥에 뒹굴며 울어대자 어머니는 불과 몇 발짝도 가지 못하고 돌아와 Williams를 데려가야 했고, Williams의 유치원 생활은 그것으로 끝이 났다고 한다(Tischler, 1961).

Laura에게 직업교육이 불가능하다고 판단한 Amanda는 Laura에게 유일한 구원이 결혼이라는 생각을 굳히게 된다. 이전에도 Amanda는 과거 처녀 시절 구혼자들에게 둘러싸여 있던 자신의 모습을 자식들에게 되뇌이곤 했는데, 이제는 그러한 생각이 강박관념으로 발전하기에 이른다. 어떻게든 Laura를 선보일 신사 방문객(gentleman caller)을 맞이하도록 해야 한다는 Amanda의 생각이 너무도 확고하여, 나래이터인 Tom은 "보편적 무의식의 원형과도 같이 우리의 조그만 아파트에는 언제나 신사 방문객의 이미지가 함께 했다(Like some archetype of the universal unconscious, the image of the gentleman caller haunted our small apartment)"(Scene III: 159)고 말한다.

그러나 Laura 자신은 결혼이 자신의 삶의 돌파구가 되리라는 어머니의 확신에 동의하지 못한다. 어렵사리 찾아온 Tom의 친구 Jim 은 Amanda와 Laura를 잠시 망상에 빠뜨렸을 뿐 그들의 삶에 긍정 적인 전환의 계기를 제공하지 못한다. Laura는 어머니의 기대에 부응하지 못한다는 자책감이 더해져 더욱 위축되고 소외되어 어머니 와도 제대로 소통하지 못하고 자신만의 세계로 침잠해 들어간다. 블루 마운틴(Blue Mountain)으로 대변되는 Amanda의 기억 속의 목가 적 로맨스는 도피로서의 환상일 뿐, 현실적인 대안이 되지 못한다. '블루 마운틴에서의 어느 일요일 오후, 열일곱 명이나 되는 신사 방 문객이 Amanda를 찾아와서, 하인을 보내 의자를 더 가져오도록 해 야 했던' 경험은 Amanda의 고단한 현실을 지탱하는 힘일 수는 있어 도, Laura의 행복한 삶을 위해 도움이 되지는 못하며 Laura에게 좌 절의 경험을 더해줄 뿐이다. Aubury & Myner(1996)에 따르면, 장애인 이 지역사회에서 이웃과 잦은 접촉을 한다고 해서 반드시 지역사회 내의 심리적 통합이나 주관적 삶의 질에 긍정적 영향을 미치는 것 은 아니라고 한다. Laura에 대한 개별적인 고려 없이 사회적 접촉만 을 강요한 Amanda의 지원은 오히려 Laura의 자존감에 상처만 깊게 하여 고립감을 더해주게 된다.

Amanda가 Laura에게 장애는 잘 보이지도 않는 '약간의 흠' 정도 이므로, 매력을 개발해서 결혼하면 된다고 설득하면서 예로 든 매 력 만점인 사람은 아이러니컬하게도 자신의 남편이자 Laura의 아버 지이다. 가정과 가족을 등진 '매력 넘치는' 남편은 적절한 역할 모델 도, 장애인 소녀의 현실적 삶의 대안도 될 수가 없다. 장애에 대한 인식의 오류와 부적절한 교육적 지원을 넘어 Amanda가 보여주는 불합리한 가부장적 사고는, Laura의 사회적 통합에 오히려 역행하는 좌절과 실패의 경험을 축적하게 한다. 일방적으로 남성에게 의존하는 삶의 방식을 강요한 Amanda의 의식은 바로 반여성주의적 편견의 전형이다.

Wolfensberger(1992)는 사회적 역할 가치화를 주장하면서, 가치 박탈된 역할에 내던져진 사람은 사회가 부과하는 낮은 가치를 스스로 보여주고 정당화시키는 역할 정체성을 떠맡게 된다고 하였다. 전통적으로 여성에게 부당하게 부과된 낮은 가치를 여성 스스로 증명해 보이고 정당화시키려드는 현상은 삶의 중요한 일부를 포기(당)한 장애인의 모습과 일맥상통하는 측면이 있다. 여성과 남성의 차이를 서로 인정할 수 있을 때 비로소 그 차이를 극복할 수 있는 것과 만찬가지로, 지체가 부자유스러우며 복합적으로 정서적 장애를 겪고 있다는 다른 사람들과의 차이를 자연스럽게 인정하고 인정받음으로써 오히려 차이를 극복할 수 있는 것이다. Amanda는 블루마운틴의 환상과 세인트루이스에서의 현실의 차이를 인식하지 못하는 것과 마찬가지로, 여성 장애인 Laura를 위한 정적 지원과는 역행하는 부적절한 해결책의 강요로 오히려 상황을 악화시키는 길로 유도한다.

연극 The Glass Menagerie는 한 편의 상징시와도 같이 무대 위의 상징적 이미지 전달이 돋보이는 연극이다. 빛나고 아름답지만 상처 입고 부서지기 쉬운 유리 동물들은, 이 극이 전달하고자 하는 극중인물들의 나약하고 섬세한 심경을 상징적으로 보여준다. 그러나 한편으로 그 섬세함과는 정면으로 대비되는 파괴적인 주변 환경이 강조되는 효과도 있다. 극의 클라이맥스에 이르기 직전, 신사 방문객을 맞을 준비를 하고 있는 Laura의 모습에 대해 작가는 "로라는 만지면 망가질 것 같은 신비스러운 아름다움이 풍긴다. 그녀는 순간 순간 환상적인 빛에 반사되는 투명한 유리 조각과도 같다"(Scene Ⅵ, 191)고 묘사한다. 이렇게 손에 잡히지 않는 몽환적이며 비현실적인 분위기를 강조하면서, 동시에 작가는 엄연한 현실과의 부조화를 또한 대비시키는 것이다. Bigsby(1984)는 Williams의 인물들에 대해, 스스로 어떤 선택을 할 만큼 자유롭지 못하다고 지적한 바 있다. 움직이기만 해도 부서져버릴 것 같은 Laura는 자기 스스로 어떤 선택을 하고 결정을 내리는 것이 거의 불가능한 것처럼 그려져 있다. 그리고 Laura가 스스로 어떤 결정을 내린다 하더라도, Amanda를 포함한 주변의 인물들은 그 결정을 결코 존중하거나 이해하려고 하지도 않는다.

조명도 또한 이 극의 이미지 전달을 위한 극적 장치로 사용되고 있다. Williams는 대부분의 작품에서 등장인물이 어두운 현실에 직면하여 자신의 길을 개척해갈 의지를 잃고 도피적인 심리를 보일 때 어두운 조명을 상징적으로 사용하곤 한다. 이 극에서도 그러한 예를 많이 볼 수 있다. Laura가 신사 방문객인 Jim과 마주했을 때 무대지시는 "짙푸른 황혼에서 슬픈 속삭임이 들리는 듯하다(Ⅵ, 205)"고 되어 있다. 또한 Jim과 Laura는 함께 촛불에 비친 유리 유니콘(unicorn)을 바라보기도 하고, Amanda는 달빛 아래서 소망을 빌기도 한다. 희미한 불빛이 흘러나오는 근처의 댄스홀도 고단한 현실을 잊어보려는 젊은이들이 밤을 보내곤 하는 곳이다.

극이 진행되는 동안 내내 희미한 조명이나 촛불이 사용되어, 주인공들의 환상의 세계나 도피의 은신처를 비추어 주었었던 것과는 달리, 극의 대단원에서는 이에 대한 반전이 예고된다. "오늘날 세상은 번갯불로 빛나고 있어! 이제 너의 촛불을 불어 끄렴, 로라"(Scene VII, 237)라는 Tom의 말에, Laura가 스스로 촛불을 불어 끄는 모습과 함께 무대는 막이 내리는 것이다. 이 마지막 장면은 현실로부터의 은신이나 불안한 도피를 상징하는 촛불을 불어 끄고, 앞으로 현실에 직면하고 대처할 수 있는 그들의 가능성을 시사하는 가장 강력한 연극적 상징이 된다. 불리한 환경에 처한 나약하고 의존적인 여성 장애인의 모습이 아닌, 좌절을 딛고 자력으로 독립하고자 하는 의지의 상징으로 대단원을 마무리하는 것이다.

극 전체를 통해 Laura는 암울한 현실에도 불구하고 자존감을 잃지 않으며 자신의 결정으로 자신의 삶을 이끌어갈 수 있는 희망적인 잠재력을 행간에서 전달하고 있음을 볼 수 있다. 그러나 Amanda를 포함하여 Laura를 둘러싼 사회는 대체로 Laura의 개인적 존엄과 사회적 역할의 가치를 인정하는 데 인색한 것으로 나타난다. 이러한 상황 속에서도, Laura를 향해 Tom이 보여주는 정신적 이해와 지지는 Laura의 자립을 도와 스스로 세상에 발을 딛도록 하는 가장 강력한 지원이 된다. 이 극에서 Tom은 자신의 가족사를 통해 몸소 장애인의 현실을 경험한 작가 Williams의 극중 분신과도 같은 인물이다.

4. *The Birthday Party*를 통해 본 장애의 미학

1) 장애에 대한 미학적 접근

미학은 18세기에 이르러서야 비로소 철학의 한 분야로 태어났다. 계몽주의 시대의 철학자 Baumgarten이 1750년에 낸 『미학』이라는 저서의 발간과 함께 '감성적 인식학'으로 학문 체계에 진입한 이후 Kant와 Hegel 등에 의해 체계적으로 확립된 미학은 포스트 시대에 이르러 보다 다각적으로 그 영역이 확장되고 있다. 이성을 중시한 산업사회를 지나 탈산업사회의 특징으로 나타나고 있는 감성적 경향은 미학적 인식을 더욱 확산시키고 있다. 특히 포스트 시대의 다양화, 파편화, 탈정전화 등의 경향은 미학을 보다 대중적인 개념으로 자리매김하도록 하고 있다. 관습적 사고의 전복과 해체에 따른 다양한 사고의 패러다임은 장애에 대한 인식의 변화도 또한 요구하고 있다. 시대정신의 변화에 따른 미학적 인식이 장애의 문제에 적용되고 있는 것이다.

아름다움을 추구하는 공동체의 표현 욕구와 표현 양식이라는 예술의 사회적 조건이 가장 분명하게 입증되는 장르는 연극이다. 연극은 그 자체로서 인간과 인간, 인간과 사회의 상호작용에 대한 묘사이며, 삶의 사회적 과정이 심미적 패러다임에 투사되어 나타나는 양상을 관객에게 보여주는 사회적 예술 형식이다. 이러한 관점에서 연극 텍스트를 분석하는 과정에서는 현재와 미래의 장애 인식을 조망할 수 있는 사회심리적 현상들이 드러나게 된다. 연극 텍스트에 나타난 장애의 문제를 시대적 가치와 함께 이 시대가 추구하는 미학적 관점에서 조명하고 해석하는 것은 장애 연구와 특수교육의 내실화를 기하기 위한 하나의 의미 있는 준비이다.

장애에 대한 개인적·병리적 관점이 현저히 퇴조하고 있는 시점에서 통합교육과 사회통합의 내실화를 기하기 위해 장애인과 비장애인 모두를 포괄하는 통섭적 연구를 통해 모두의 삶의 질 향상에 기여할 수 있도록 하기 위해서는 보다 폭 넓은 삶에 대한 이해와 해석이 요구된다. Gabel(1997)은 장애의 미학(Aesthetic of Disability)을 교육적 사고와 교육적 실제에 적용해볼 수 있다고 제언하면서, 그 적용 분야를 교육정책과 교사교육, 그리고 교육과정과 교육학 연구의 네 분야로 제시한다. 통합 속의 분리를 부인하기 어려운 현재의 통합교육 현황을 직시할 때, 이와 같은 미학적 연구의 적용은 교육적 실제에 있어서 매우 효과적인 변화의 창출로 이어질 수 있다.

예술작품을 중심으로 한 교육학 연구는 무엇보다도 인간의 활동과 관련된 관점을 고양시키고자 하는 것이라고 Barone과 Eisner(2006)는 지적한 바 있다. 객관적 표준과 통계적 평균이 제공하는 의사과학적 만족을 넘어, 인간과 교육에 대한 관점을 고양시키는 일이야말로 탈산업사회가 추구하는 인본주의적 교육의 실체에 접근하는 일이라고 할 수 있다. 이러한 차원에서 Barone과 Eisner는 예술작품을 중심으로 한 교육연구의 궁극적 목표는 교육정책과 교육적 실제를 개선하는 것이라고 규정하기도 하였다.

표준화된 규격과 능률적인 생산을 중시한 산업사회의 가치는 포스트 시대에 와서 크게 각광받지 못하고 있을 뿐 아니라, 미학적 관점에서 아름다운 찬미의 대상이 되기 어렵다. 특히 사람을 아름답게 하는 것은 표준이 아닌 '차이'라는 인식이 이미 시대적 특징으로 자리잡고 있으며, 이와 같은 차원에서 볼 때 장애라는 차이도 무제한적으로 다양한 인간 조건의 보편적 특성인 것이다(박승희, 2003). Zola(1989)는 하나의 정치적 전략으로서 장애의 비신화화가 필요하다고 지적하면서, 장애인이 각기 다른 차이를 지닌 여러 사람들 중의 하나라는 인식의 필요성을 강조한다. 이 시대의 관점에서 장애라는 차이는 아름다움의 본질을 공유하는 자연스러운 현상이라는 것이다. 장애학자인 Linton(1998)은 '장애는 아름답다(Disability is beautiful)'라는 구호를 주창하며 시대적 가치에 따른 장애인식 변화의 필요성을 제안한다. Silvers(2000)도 장애가 있는 몸과 마음을 심미적으로 보는 법을 예술로부터 배움으로써 아름다움의 이상을 보다 확장시켜야 한다고 주장한다.

장애의 미학을 탐색하는 질적 연구방법으로 연극사회학적 접근을 적용할 수 있다. 연극사회학적 접근에서의 관심은 일련의 연극적 행위와 상황에 대한 분석을 통하여 사회적 의미와 역동성을 발견하는 것이다. 행동심리학과 심리분석 등이 원래 연극적 개념에서 나온 것이듯이, 개인과 사회의 관계와 역할행동 등의 개념을 극적 상황과 연결시켜 분석하고 파악하는 것이다. 연극의 상징세계를 '내적 사회학'이라고 부르는 것은 연극적 현실과 사회적 현실이 맞닿는 지점에서 사회적 상황의 승화가 이루어질 수 있기 때문이며, 이러한 승화의 가능성이라는 차원에서 연극은 사회생활의 난제를 극복하는 지침을 제공해준다고 할 수 있다. 따라서 연극과 사회는 서로 긍정적 영향을 미치는 관계에 있으며, 연극의 존재 이유를 사회적 파급 효과에서 가늠할 수 있다고 주장하는 것이다(이남복, 1996). 이러한 차원에서 연극 텍스트의 분석을 통해 포스트 시대의 가치를 중심으로 한 장애의 미학을 탐색해보는 일은 통합사회 특수교육의 인식적 기반을 공고히 하는 데 일조하는 일이기도 하다.

*The Birthday Party*에서는 Stanley라는 주인공의 자아형성과정이 연극적 상징으로 전개되는데, 이 과정을 정신분석이론에 입각하여 분석하면서 주인공의 사회화 과정의 한 단계에서 나타나는 언어장애를 이 극의 언어사용 전략과 더불어 미학적 관점으로 조망할 수 있다. *The Birthday Party*에 대한 정신분석학적 접근의 타당성은 그동안 비평가와 이론가들의 지지를 받아왔다. Nelson(1966)은 Pinter 극에서 발생하는 행위는 정신병적 차원의 행위라고 보았고, Gabbard(1976)는 Pinter의 극들이 '이디푸스적 소망'을 중심으로 한 '꿈의 텍스트'라고 이해했으며, Gordon(1969)은 특히 *The Birthday Party*를 지목하여 정신분석학적 환경이라고까지 주장한 바 있다.

여기서 정신분석이론으로는 주로 Lacan의 이론을 원용해볼 수 있다. Lacan은 포스트모더니즘을 기저로 한 문학작품의 해석에서 Foucault, Derrida 등과 함께 가장 많이 언급되는 이론적 틀을 제공하고 있다. Freud의 정신분석이론은 한동안 현대문학 분석의 틀로 각

광을 받았으나 지나치게 성적 강박관념을 중심으로 한 무의식이 강조됨으로써 모든 문학적 상징을 성적으로 해석하게 한 점이 문제로 지적되곤 하였다. Lacan은 Freud 심리학에서 빠져 있는 언어와 주체에 대한 연구를 심화시킴으로써 Freud적 문학 해석의 한계를 넘어 심리구조에 언어학을 도입하여 언어학적 개념으로 정신분석학을 재조명하였다. 예를 들어, '증상'이라는 용어가 Freud에게 있어서는 정신분석과 전통적인 진료 의학을 서로 연결시켜주는 다리 노릇을 했다(Bowie, 1991). 그런데 Lacan에게 있어 '증상'이란 "주체의 의식에서 억압된 기의를 지칭하는 기표"였다(Lacan, 1977: 280).

Lacan은 철학을 공부한 후 의학을 공부한 정신과 의사요 정신분석학자로, Saussure의 언어학 이론이나 실어증을 연구한 Jakobson의 이론 등을 차용하여, 언어를 통해 인간의 욕망을 분석하는 정신분석 이론을 정립하였다. 그는 인간의 욕망이나 무의식이 말을 통해 나타난다고 주장하여, 정신분석학계는 물론 언어학계에 새 바람을 일으켰다. Freud가 인간의 리비도에 관심을 가진 반면, Lacan은 인간의 마음이 어떻게 구조화되고 사회질서에 삽입되는가를 설명하고자 하였다. Freud의 이드(id)－자아(ego)－초자아(superego) 이론 대신에, Lacan은 인간의 정신적 삶을 기호학적으로 풀어내어 인간이 태어나 사회생활을 하는 과정을 언어학적으로 설명하며 그 과정을 상상계(the imaginary)－상징계(the symbolic)－실재계(the real)로 명명하였다. Lacan은 정신분석학적 주제와 인접 학문과의 상관관계를 확신하여, 문학 텍스트상의 언어에도 각별한 관심을 가지고 새로운 문학 해석방법을 제시하였고

기타 문화 분석에도 지대한 영향을 미쳤다.

포스트 시대의 연극은 기존의 연극적 방법을 전복시키고 관습적 언어 개념을 해체하여 관객 스스로 연극의 의미 연계를 찾도록 요구한다. Finter(1983)는 Derrida의 이론을 근거로 하여 포스트모던 연극을 '해체의 연극'이라고 정의하며 플롯(plot)을 중심으로 하는 기존 연극의 틀을 벗어난 연극이라고 설명한다. *The Birthday Party*는 포스트모더니즘 논쟁이 활발해지기 이전에 발표된 연극이지만, 시대를 앞서 포스트 주의의 특징이 나타나 있는 연극이라 할 수 있다. 이 극에는 플롯이 해체되어 있으며, Hassan(1987)이 주장한 포스트모더니즘의 특징인 불확실성과 단편화 등의 특징이 잘 나타나 있다. 이야기의 줄거리라 할 만한 플롯이 없고, 등장인물들의 신원도 분명하지 않으며, 대사에서는 언어의 해체를 강력히 시사하고 있다.

*The Birthday Party*에서 극중인물들의 대사는 불완전하고 모순되며 반복이 많고 말이 자주 끊어지고 침묵의 순간이 자주 나타나며 비논리적이고 때에 따라 말의 내용이 서로 상충하는 경우도 많다. 이러한 언어적 특성은 기존의 관습적인 연극 대사에서 익숙하게 보았던 유창하고 논리적인 언어와 커다란 차이를 보이는 것이어서 관객에게 당혹스럽게 다가오며 이 연극에 대한 이해를 어렵게 한다. 그런데 이러한 언어는 사실상 일상 대화의 특징을 그대로 추출하여 연극적 언어로 재구성한 것에 다름 아니다. 대사의 내용들을 연결하고 조합하여 하나의 분명한 이야기 거리를 구성해내기도 어려운 언어의 파편들은 이 시대의 현상과 가치를 대변하는 역설의 미학이

라고 할 수 있다.

예술 텍스트에서 언어나 기호는 표현된 것 이상으로 많은 것을 말해주곤 하는데, 이는 해체된 기표와 기의 사이에서 나타나는 심미적 경험의 잉여라고 할 수 있다. 포스트 시대의 이론들은 단지 이론에 머물지 않고 다양한 사회·문화적 현상들로 나타나며 미학을 보다 대중적인 개념으로 확산시키고 다변화한다. 관습적 사고의 전복과 해체는 억압된 욕망을 의도된 역설로 해방시키고, 타자를 중심에 위치하게 하며, 표층구조에 가려졌던 심층구조를 드러내 보여준다. 이러한 시대적 가치는 표준화된 이성 중심의 시대가 억압해온 차이를 드러내어 그 자체가 아름다움이라고 역설하며, 표층에 가려졌던 본질의 세계를 볼 수 있도록 하는 진정한 미학을 추구한다. The Birthday Party에서 나타나는 언어의 해체 전략과 Stanley의 언어장애도 로고스 중심주의에 기초한 서구 문명에 대한 시대적 저항으로서 탈현대적 미학과 상통하는 것으로 파악해볼 수 있다.

2) The Birthday Party에 대한 정신분석학적 접근

The Birthday Party의 막이 오르면 노부부인 Petey와 Meg가 사소한 주제로 일상적인 대화를 주고받으며 아침식사를 하는 모습이 무대 위에 그려진다. Petey가 아침식사를 다해갈 즈음에 Meg는 이 집의 하숙생인 Stanley를 깨우러 2층으로 올라간다. 2층에서 Stanley의 고함소리와 Meg의 웃음소리가 번갈아 들리더니 Meg는 숨을 헐떡이며 돌아와 머리 모양새를 가다듬는다. 잠시 후 무대 위에 처음 나타난 Stanley는 늦은 아침에 하숙집 여주인이 깨워서야 겨우 일어나 단정하지 못한 옷차림으로 아침식사를 하는 30대 성인 남자의 모습이다. Stanley는 식사를 하면서 Meg에게 짓궂은 농담을 하고, Meg는 성적인 뉘앙스가 풍기는 대답으로 응수하며, 그들은 모자관계 같기도 하고 연인관계 같기도 한(Diamond, 1985) 대화를 허물없이 주고받는다. 이 아침식사 장면에서 Meg는 남편인 Petey보다 Stanley에게 훨씬 애정 어린 태도로 대하고, Stanley는 이러한 Meg의 관심과 애정을 독차지하며 Meg의 보살핌을 충분히 만끽하고 있는 것으로 보인다.

이렇게 *The Birthday Party*는 개막장면부터 Oedipus complex의 기본 구도인 모성−아들−부성의 관계를 암시하는 설정이 드러나 정신분석적 해석의 가능성을 시사한다. Freud는 그리스 신화에 등장하는 Oedipus의 부친 살해와 이어지는 모친과의 결혼 과정에서 형성되는 심리적 갈등을 Oedipus complex로 정의하고, 이 Oedipus complex로 유아기의 성심리를 설명하였다. Oedipus complex는 Freud 이론에서 중요한 부분으로, 아이가 성적인 자기정체성을 형성하여 성적 주체로 탄생하는 시기에 겪게 되는 복합적 드라마라고 할 수 있다. 그리고 아이가 유아기를 벗어나 남근기로 접어들어 사회성을 얻으면서 유아적 욕망이 부성에 의해 억제되는 상태를 거세(castration)라는 개념으로 설명하였다. 부친의 등장으로 억제된 유아적 욕망은 유아가 성장하고 난 후에도 여전히 무의식에 깊이 자리하게 되는데 이를 거세

콤플렉스라고 하였다.

그런데 Freud의 계승자를 자처한 Lacan은 Oedipus complex와 거세 콤플렉스를 상상계와 상징계 이론으로 대치하고, 유아기의 욕망과 관련한 Freud의 이론을 확장하여 거울 단계(the mirror stage) 이론으로 설명한다. 그에 의하면, 거울 단계의 유아는 자신과 어머니를 동일시하다가 아버지라는 존재를 인식하면서 동일시의 상상이 깨지게 되어, 모성을 향한 유아의 욕망은 충족되지 못한 채 무한한 거세의 과정을 반복한다고 보았다. 이 무한한 거세의 개념은 문학 텍스트의 주인공들이 표출하는 신체적 이상 징후를 설명하는 데 자주 사용되곤 한다.

Lacan의 이론에 비추어 볼 때 *The Birthday Party*의 개막장면은 Stanley의 거울 단계, 즉 상상계를 시사하는 것이라고 할 수 있다. Lacan은 인간의 정신적 삶을 기호학적으로 풀어냄으로써, 인간이 태어나 사회생활을 하는 과정을 언어학적으로 설명하는데, 그 과정은 상상계, 상징계, 실재계이다. 상상계는 자기인식이 수반되지 않은 이미지를 나타내는 허구적인 자아 개념에 대한 은유로서, 언어를 통해 '나'라는 일반명사를 부여받음으로써 주체가 되기 '이전에' 일어나는 단계이다(Lacan, 1977). Lacan이 거울 단계라고도 표현한 이 시기는 생후 6개월에서 18개월된 유아의 행동을 직접 관찰한 경험을 토대로 하고 있다. 이 시기의 유아는 거울에 비친 자기 이미지를 보거나 어른 혹은 다른 아이의 모방적 동작에서 자신과 유사한 동작을 볼 때 하나의 특징적인 반응을 보인다고 한다. 유아가 이처럼 바라보는 순간은 극적인 발견을 하는 순간이고, 막연하게나마 '나는 저거(거울에 비친 이미지)야' 혹은 '저게(다른 아이의 동작) 나야'라는 명제를 구성하게 된다는 것이다. 즉, 거울단계란 유아가 거울에 비친 모습과 자신을 동일시하는 단계라는 의미로, 여기서 거울이란 허구적인 자아 개념에 대한 은유이다(Bowie, 1991). 즉, 거울 이미지는 '나'의 신기루이며, 아이가 나중에 획득하게 될 통합조정의 잠재능력이 언젠가는 실현될 것임을 예고하는 것이다.

Lacan은 또한, 거울에 사로잡힌 아이는 망상적인 자아 형성의 길에 오르게 되며, 이 과정에서 아이는 정신병적 소외나 광기에 노출된다고 주장한다(Bowie, 1991). 그에 따르면, 신경증 환자는 모두 이 단계에 머물러 자아와 상황을 구별하지 못하고 소외된다는 것이다. 그렇게 되면, 대상과 자신을 일치시키고 타자의 욕망과 자신의 욕망을 구별하지 못하는 오인 혹은 환상의 단계에서 빠져나오지 못하는 것이다. 기본적으로 인간의 사고에 내재된 광기를 인정하는 Lacan(1977)은 자아란 편집증적 구조를 가지며 거울의 '나'가 사회적 '나'로 바뀌는 과정에서는 편집증적 소외가 나타난다고 하였다. 이렇게 거울 단계는 유아의 상상적 오인을 특징으로 하므로, 상상계에서 형성되는 주체성은 허구가 되고, 어린이는 자라면서 필연적으로 자아라는 개념을 형성하는 과정에서 자아의 분열을 겪게 되며 이 분열된 자아로 인해 혼란을 겪는다.

여기서 Lacan의 요점은 자아가 다른 총체적 대상과의 동화에 의해 구성된다는 것이다. Lacan의 이론에서 동일시(identification)라는 개념은 반복적으로 등장하는 주요 개념인데, Lacan은 자신을 다른 사람과 동일시하는 것은 지속적인 자기의식이 가능하게 되어가는 본질적인 과정이라고 보았다. 동일시는 활력의 원천이며, 개인과 다른 사람들 사이에서 벌어지는 끊임없는 극적인 상호관계의 촉진제라는 것이다. 그리고 다른 사람의 성품을 지속적으로 동화함으로써 자아 혹은 인성이 구성된다고 보았다(Bowie, 1991). 이처럼 주체가 상상계에 머무는 것을 거부하고 상징계의 중요성을 부각시키는 분석 담론을 제시함으로써, Lacan은 남성을 남근으로 보고 여성을 결핍으로 보는 Freud의 대립적 성차별론과는 구별되는 이론을 제시하고자 하였다.

이렇게 *The Birthday Party*의 개막장면에서 Stanley와 Meg의 관계는 유아와 모성 간의 정신분석적 환경에서 해석이 충분히 가능하다. 그런데 Oedipus complex 삼각 구도의 한 축을 이루어야 할 Petey는 아버지나 남편으로서의 남성성이나 남성적 권위가 매우 희미하게 나타나며 말수도 적은 인물로 그려진다. 더구나 Petey는 이러한 상황에서 갈등이나 긴장을 드러내지도 않고 침묵으로 일관하여, 무능한 남편이라는 지적까지도 받는다(Gillen, 1984). 따라서 이 상황에서 Petey는 아들에게 Freud적 거세라는 잠재적 위협을 가하는 존재로는 부각되지 않음으로 해서, 개막장면에서 등장하는 이 세 인물이 Oedipus complex의 구도를 완성하는 것으로는 보기 어렵다.

그런데 Meg의 보호를 즐기던 Stanley의 평화에 미묘한 균열이 감지되는 징후가 나타난다. 그 하숙집에 새로운 방문객이 올지도 모른다는 사실을 Meg가 Stanley에게 전하는 것이다. Stanley는 그 소식에 긴장하며 몹시 당황스러워하다가, 잠시 후 새로운 방문객인 Goldberg와 McCann이 등장하자 뒷문으로 나가버린다. Meg는 새로운 방문객들에게 오늘이 Stanley의 생일임을 알리고, 다시 들어온 Stanley에게 생일선물로 장난감 북을 선물한다. 방문객들은 Meg에게 Stanley에 대해 묻고, Stanley도 Meg를 통해 방문객들이 누군지 알고 싶어하는 과정에서 이들 간의 묘한 긴장감이 드러난다.

이 극에서 Goldberg와 McCann이 누구인지 분명히 드러나지는 않는다. Pinter의 연극 세계에서는 언제나 극작가의 해설가적 성향이 배제되고(Esslin, 1984) 진솔한 삶의 단면만이 무대 위에 제시되곤 하여, Pinter 극이 제시하는 모호하면서도 다각적인 의미에 대해 관객은 궁금증과 호기심을 증폭시키게 되고 전문 비평가들의 해석도 다양하게 나타난다. 특히 The Birthday Party의 공연을 보고 한 관객이 Pinter에게 보낸 서한과 그에 대한 Pinter의 답신은 이러한 Pinter 극의 특성을 잘 보여주는 유명한 일화이다. 1967년 11월 26일자 New York Times가 소개한 바에 의하면, 한 관객이 Pinter에게 1) Goldberg와 McCann은 누구입니까? 2) Stanley는 어디서 왔습니까? 3) 이들은 모두 정상적인 사람들입니까? 라는 질문의 편지를 보내왔다고 한다. 이에 대해 Pinter는 1) 당신은 누구입니까? 2) 당신은 어디서 왔습니까? 3) 당신은 정상적인 사람입니까? 라는 질문의 답신을 보냈다고 한다(Esslin, 1984. 재인용). 이 서한의 질문에서 관객은 작가에게 Stanley와 Goldberg, 그리고 McCann의 정체성을 묻고 있다. 그리고 Pinter는 자신이 받은 질문들을 관객에게 다시 물음으로써, 이 극의 등장인물들이 각기 어떤 특정인이라기보다는 바로 그 관객과 같은 보통의 많은 사람들을 대변하고 있음을 말하고 있다.

The Birthday Party의 2막은 McCann이 테이블에 앉아 신문을 쭈욱 죽 찢는 장면으로 시작된다. Stanley가 등장하여, Goldberg-McCann과 대화를 시작하는데, 처음에는 정중한 대화가 오가는 듯하다가 점차로 긴장감이 고조되며 격렬한 어조로 이어진다. McCann은 Stanley가 도망가지 못하도록 길을 막고 있고, Stanley는 더욱 횡설수설하고 초조해하며 자신의 생일임을 부인한다. Stanley는 이들에게 떠나줄 것을 요구하지만 이들은 강제로 Stanley를 의자에 앉히고 감당할 수 없는 질문 공세를 퍼부으며 Stanley를 위협한다.

평온하던 Stanley의 일상을 긴장과 공포로 전복시키고 이 극에 반전을 가져오는 Goldberg와 McCann의 정체에 대해 관객이 궁금해 하는 것은 당연하다. 평자들의 견해가 분분하지만, 정신분석적 관점에서 이들은 Oedipus complex 삼각구도의 한 축인 부성의 역할을 하게 되는 존재이며, 이들의 등장은 Stanley가 상상계에서 상징계로 진입하는 단계에 대한 은유라고 해석할 수 있다. Goldberg와 McCann이 사회로부터 파견된 사절이라고 보는 Esslin(1984)의 견해나, Stanley에게 사회적으로 인정받는 삶을 부여하기 위해 이들이 방문한 것이라고 보는 Dukore(1982)의 견해 등도 넓은 의미에서 이와 일맥상통하는 해석으로 볼 수 있다.

상상계의 다음 단계인 상징계는 언어와 문화로 이루어진 보편적 질서의 세계이며 사회적이고 공적인 세계이다. 상징계에 이르러 자아가 형성되기 시작하지만, 상징계로의 진입은 희생을 필요로 한다. 어머니라는 존재 이외에 아버지라는 금기를 받아들임으로써만 상징계로의 진입이 가능해지기 때문이다. 상징계로 진입한 어린아이는 Oedipus complex를 겪으면서 어머니에 대한 욕망을 아버지의 법으로 전치하게 된다. 거울 단계에서 자신과 동일시함으로써 별다른 정의 없이 이해했던 어머니의 존재와는 달리, 어린아이는 아버지라는 외부의 금기를 받아들이고 사회라는 것을 경험하게 되는 것이다.

개막장면에서의 무력했던 Petey와는 전혀 다른 Goldberg와 McCann의 위협적인 대사가 보여주듯이, 아버지라는 이름은 사법적이고 징벌적인 권위의 상징이다. 그것은 유아의 욕망에 지속적인 제한을 가하고, 그러한 제한이나 법을 위반할 때는 거세라는 징벌을 주겠다고 위협하는 등, 상징계가 작동하도록 도와주는 기능을 의미한다.

그런데 상징계에서는 외부 사회로부터 무언가를 받아들일 때 사물의 '이미지'를 사물의 '이름'으로 전치하게 된다. 그저 이미지로만 가지고 있던 외부의 물질이 이제는 언어로 표현된다는 것을 알게 되는 것이다. 그런데 이러한 과정은 어린아이가 마음대로 할 수 있는 것이 아니라 강압적인 것이다. 강압적으로 그 이미지를 언어로 받아들이기 때문에 아이는 억압을 받게 되고 그 과정에서 무의식이 생기게 된다. 또한 동일시하던 어머니와 분리되면서 무의식적으로 상실에 대한 끊임없는 그리움과 욕망을 가지게 되는 것이다.

Stanley의 생일파티에서 Stanley와 Goldberg-McCann 간의 갈등은

절정에 이른다. Goldberg와 McCann이 강압적으로 이끌어가는 대화에서 Stanley는 제대로 말을 하지 못하다가 결국은 겨우 신음소리만 내는 실어증 상태를 보이며 아버지의 법 앞에서 무력한 모습을 보이게 된다. 그리고 장님놀이를 하던 Stanley는 McCann이 일부러 통로에 놓아둔 장난감 북을 밟아 부숴버리고 Meg의 목을 조르려 한다. 또한 암전이 된 상태에서 횃불을 찾아 Stanley를 비추어보니, 그는 이웃의 젊은 여인 Lulu를 바닥에 눕혀놓고 걸터앉아 있다. 이러한 장면들은 이 생일파티가 Meg의 품을 벗어나 Goldberg와 McCann으로 상징되는 사회로 진입하는 Stanley의 거세를 축하하는 의식임을 상징적으로 잘 보여준다. Stanley가 성장하여 성인으로서의 성적 정체성을 얻어가는 과정에서는 타인과의 동일화와 분화 과정을 수반하게 된다. 아들은 아버지와의 동일화 과정을 거치면서 동시에 어머니의 흔적을 지워내고 자신의 성적 정체성을 획득한다. Lulu는 Meg의 환유로서, Stanley의 욕망은 이제 Meg에게서 Lulu로 전이되어 투영되고 있는 것이다.

상징계에서 실재계로 이르는 과정에서 아이는 의사소통이 가능해지며 사회로 진입하게 된다. Lacan의 실재계는 상상계와 상징계가 뫼비우스의 띠처럼 변증법적으로 연결되어 이루어진다. Lacan 이론에서는 거울단계가 사라져버리거나 Freud의 경우처럼 억압되지 않는다. 거울단계의 유아가 타자와 자신을 동일시하는 오인의 구조로 출발한 의식은 자아를 완벽하게 조정하는 절대적 주체를 이루지 못하고, 자신의 욕망을 타자의 욕망에 종속시킨다. Lacan이 '무의식은 타자의 담론이다'라고 규정한 것도 언어가 가지는 대개인적 (transindividual) 성질을 강조하면서, 담론은 언제나 또 다른 주체(대화자)를 상정한다는 사실을 강조하는 것이다. 즉, 주체에 영향을 미치는 무의식의 작용은 실제로 다른 곳, 즉 타자로부터 온다는 의미이다(Bowie, 1991). 무의식 속에서 벌어지는 마음의 기능, 즉 개인의 욕망이 가지고 있는 의미화의 구조를 설명하기 위해 Freud는 압축(condensation)과 전치(displacement)라는 근본적인 양태를 설정했다. 그런데 Lacan은 Freud의 '압축'을 '은유'의 개념으로 받아들이고, Freud의 '전치'를 Lacan은 '환유'의 개념으로 받아들였다. 그리하여 압축은 기표들의 포개짐으로서 은유가 중요한 수사법으로 등장하는 고유한 시적 기능이라고 간주했다. 그리고 전치는 환유 속에서 드러나는 의미작용의 방향 전환과 관련이 있는 것이며, 환유는 Freud가 말했던 것처럼 무의식이 검열을 피할 수 있는 적절한 수단이라고 했다(Lacan, 1977). Lacan이 말하는 은유나 환유 등의 개념은 정신분석적 대화의 전반적 구조와 꿈 자료(정신분석적 대화가 크게 의존하는)의 구조를 서로 연결시켜주는 것이다.

Lacan(1977)은 Freud가 발견한 무의식을 은유와 환유라는 언어 구조와 같은 것으로 재해석하고, '무의식은 언어처럼 구조화되어 있다'라고 말한다. Lacan의 이 유명한 말은 언어를 통해 존재하는 한 인간의 의식은 은유와 환유로 구조되어 있음을 의미한다. Lacan이 정의한 은유와 환유의 의미는 이러하다. 은유는 '한 단어 대신에 다른 단어를 선택하여 사용하는 것'이고, 환유는 '한 단어에 이어서 다른 단어를 결합하는 것'이다. Lacan은 정신분석학의 주제와 인접 학문과의 상관관계를 확신하였으며, 특히 정신분석이 인간의 언어를 이해하는 데 집중되어야 한다고 보았다. Freud의 정신분석학은 Lacan에 와서 정치, 사회, 문화예술의 분야로까지 확대되며, Lacan은 이를 기반으로 주체와 욕망을 해석한다.

The Birthday Party의 3막에서 Meg는 어젯밤에 있었던 Stanley의 생일파티에 관해 잘 기억을 하지 못하는 모습을 보인다. Meg와 Petey는 집 앞에 서 있는 커다란 검은 차에 관해 이야기를 나누다가 외출을 하고, Stanley는 말쑥한 옷차림에 깨끗이 면도한 모습으로 Goldberg와 McCann의 앞에 서있다. Goldberg와 McCann은 이제 상황을 주도하며 군림하는 위협적인 존재로서, Stanley가 도저히 자력으로 대응하고 극복할 수 있는 상대가 아니다. Stanley는 그들의 위협적인 말에 제대로 응답도 하지 못하고 그저 무력할 뿐이다. Goldberg와 McCann은 Stanley를 검은 차에 태워 어디론가 데려가려 하고 외출에서 돌아온 Petey가 이를 저지하려 하지만 Stanley는 결국 어디론가 끌려가버리고 만다.

Lacan은 사랑에 대해 "타자의 보충을 받도록 되어 있는 것, 하지만 그 타자도 가지고 있지 않은 것(타자도 존재의 결여를 느끼기 때문에), 그것이 바로 사랑이라고 불리는 것인데, 이 사랑은 또한 증오이며 무지이기도 하다"(Lacan, 1977: 627)라고 정의한 바 있다. Stanley가 이미 떠나버린 후인 3막에서 Meg가 보여주는 태도를 통해, 1막에서 Stanley와 Meg의 친밀한 관계에서 드러난 서로의 욕망은 두 사람

모두 '타자로부터 보충 받으려는 방식으로 결여를 드러낸 것'이라는
Lacan적 해석을 가능하게 한다.

3) *The Birthday Party*에 나타난 언어사용 전략과 언어장애

언어의 형식이나 내용, 그리고 의사소통상의 손상을 보이는 언어장
애는 장애인 관련 법령이나 특수교육적 분류에 따르자면 소수의 사람
들에게서 나타나는 장애의 한 유형이다. 그러나 *The Birthday Party*에
서 Pinter는 일상생활에서 부딪히는 많은 사람들에게서 나타나는 언
어(적)장애의 단면들을 연극의 소재로 일반화함으로써 오히려 극적
효과로 승화시키고 있다. 이러한 측면에서 이 극은 관객으로 하여금
언어장애라는 일반적 진단 이전에 언어의 본질에 대해 숙고해보도록
함으로써 장애라는 특수성에 대해 재고해볼 수 있는 여지를 제공하게
된다.

Pinter는 표현된 말의 저변에는 표현되지 않은 말이 있게 마련이
며(1976b), 우리가 듣는 말은 곧 우리가 듣지 않는 말에 대한 암시가
된다고 주장하는(1998) 등, 언어의 이중성이라는 역설을 강조하며 동
시에 불완전하고 모호한 언어의 본질을 지적하곤 하였다. 우리는
흔히 말을 들으면서 표현된 말보다는 표현되지 않은 말을 통해 화
자의 의중을 읽어내려고 애쓰며, 글을 읽으면서 표현된 활자보다는
표현되지 않은 행간에서 필자의 의도를 파악하고자 한다. 인간의
언어를 중시하는 Lacan이 살펴보는 인간의 일상적인 언어사용도 이

와 유사하다. 사람들은 자신의 말로써 서로 대화를 하고 또 서로에게 영향을 미치는데, 이때 사람들은 자신이 의미하는 바와 의미하지 않는 바를 동시에 말한다는 것이다(Bowie, 1991).

*The Birthday Party*에서 2막은 McCann이 아무 말 없이 신문을 찢는 장면으로 시작되는데, 이 장면의 상징성은 바로 이 극에서의 언어사용 전략과 관련되는 것으로 볼 수 있다. 신문은 언어의 관습적인 의미범주와 기능범주를 기반으로 하여 사실을 전달하는 문자언어로 가득차있는 매체인데, 이러한 신문을 갈기갈기 찢는 것은 고정적인 언어 관념의 해체와 앞으로 Goldberg와 McCann이 보여주게 될 전략적 언어사용을 예고하는 것이다. 이 장면 이후부터 Stanley가 Goldberg와 McCann에게 이끌려 어디론가 가버리게 되는 장면에 이르는 동안, Goldberg-McCann과 Stanley 간의 대사에서는 위협적인 전략으로 가득 찬 수수께끼와 같은 언어 게임의 양상이 나타난다. 이렇게 언어의 고정된 의미나 기능보다는 다양한 쓰임이 강조되는 것은 Wittgenstein 언어철학의 기본적인 입장과도 상통한다. Wittgenstein(1978)은 언어의 기능을 도구 상자 안에 있는 각종 도구들의 기능에 비유하며 언어에 대한 편견이나 고정관념을 경계시킨다. 또한 Quigley(1975)도 언어에는 고정된 의미범주나 기능범주가 있을 수 없다고 말하며, Pinter 극의 언어는 극적 상황과 맥락을 같이 함을 강조한다.

앞 장에서 살펴보았듯이 *The Birthday Party*가 정신분석적 상징을 통해 Stanley의 사회적 탄생과정을 극화한 텍스트라고 볼 때, 상상계에서 상징계로 진입해가는 Stanley는 새로운 언어의 세계에 직면하게 된다. 상상계의 허구적 자아는 언어와 질서의 세계인 상징계로 진입하면서 사회적 자아로 굴절된다. Lacan은 이것을 주체가 상징계로 진입하면서 '말하는' 주체로 태어나는 과정으로 설명한다. Freud가 Oedipus complex를 생물학의 수준에서 이해했다면, Lacan은 언어학의 수준에서 이해하였다. Freud의 욕망은 생물학적 개념이지만, Lacan의 욕망은 존재론적 통일을 위한 충동으로 결코 충족될 수 없는 것이다. 이는 대상에 영원히 도달할 수 없는 것이 욕망의 본질이기 때문이며, 이렇게 충족되지 않은 욕망은 주체의 분열을 낳는다. 따라서 Lacan에게 있어 '아버지'라는 이름 혹은 '법'은 주체를 사회화하는 언어적 현상이다.

Lacan은 Freud 정신분석학에 언어학의 개념을 도입하여 Freud를 재해석함으로써, 포스트 시대의 문학 비평에 커다란 영향력을 행사하고 있다. 포스트모더니즘의 근간이 된 해체철학을 주창한 Derrida도 Lacan의 영향을 가장 많이 받은 것으로 알려져 있다. Lacan은 Saussure에게서 기표와 기의의 개념을 가져왔지만, Saussure에게 있어 기표와 기의의 관계가 안정된 결합이었던 데 반해, Lacan의 언어 이론에서 기표와 기의는 불안정하고 유동적인 결합으로 기의가 미끄러져 의미가 수없이 확산된다. 의미를 낳는 은유와 그 의미가 끊임없이 자리를 바꾸는 환유의 두 가지 특성을 함축하는 언어의 특성으로 인하여, 인간은 자신의 의도를 언어로 정확히 전달하기가 어렵게 된다는 Lacan의 이론은 Pinter의 독특한 극 언어를 칭하는 'Pinteresque language'의 특징을 설명해주는 기반이 되기도 한다.

Lacan의 언어는 언제나 독자에게 정신분석자는 일상 언어의 간극, 잉여, 혼란 등으로 매일 돌아갈 준비를 해야 한다는 사실을 상기시켜준다고 Bowie(1991)는 지적한다. 즉, 일상 언어는 간극이나 잉여와 혼란 등의 정돈되고 유창하지 못한 특성을 당연히 안고 있으므로, 그 안에서 정신분석이 가능할 수 있어야 한다는 것이다. Pinter의 극들도 언제나 이와 같은 일상 언어의 모순성, 반복성, 단절성, 모호성, 비논리성 등의 특성을 드러내며 삶의 단면들을 무대 위에 제시한다.

연극 무대의 언어는 극중인물의 액션과 함께 전개되면서 플롯을 이끌어가는 긴장성을 함축하게 되므로, 언어가 일반적으로 가지는 특성이나 사람들의 언어사용 양태에서 드러나는 특징들이 극적으로 작용될 수 있는 여지가 훨씬 크다. 이러한 연극 언어의 필연적 특성으로 인해 연극의 대사와 극적 전개과정과의 관계에서 나타나는 양상을 주목해보는 것은 사회학적 관점에서도 흥미로운 일이 된다. 사람들이 사용하는 말에는 대체로 표현되지 않은 전제가 선행되는 경우가 많지만, 일상의 단편적인 언어가 그러한 것들을 다 포괄하거나 구별해내지는 못한다. 오히려 철저하게 표현하려 들수록 언어상의 왜곡을 수반하게 되기가 쉽다. 그리고 언어 사용이 의사소통을 저해하거나 진실을 은폐하는 수단이 되기까지도 한다. Pinter 극의 대사에서도 이러한 언어적 특성들이 극적 장치로 작용하여, 표면적인 의미가 불확실하거나 모순됨으로 인해서 오히려 그 대사가 숨기고 있는 저변의 의미가 더 중요한 것으로 부각되곤 한다. 그리하여 Pinter

극에서는 외견상 명쾌하게 의사소통이 이루어지지 않고 있다 하여도 사실상 의사소통이 이루어지고 있는 상황을 잘 간파할 수 있어야 극적 상황을 제대로 파악할 수 있다.

Pinter를 비롯한 부조리작가들의 작품에 대한 비평에서는 그 극들이 의사소통의 부재를 다루고 있다는 평가가 종종 있어왔다. 대표적인 예로, 유명한 *Waiting for Godot*의 마지막 대사는 "자, 갑시다 (Let's go)"인데, 바로 이어지는 무대지시는 "그들은 움직이지 않는다 (They do not move)"이다(Beckett, 1954: 61). 이와 유사한 예는 Pinter 극에서도 종종 나타나는데, *The Homecoming*에서 남편인 Teddy가 아내 Ruth에게 앉으라고 말하지만 무대지시에서 그녀가 움직이지 않음을 보여준다거나, *The Caretaker*에서도 앉으라는 Aston의 권유에 대해 Davies가 고맙다고 응수하고서도 앉지 않는 장면 등이 그러한 예이다. 그 외에도 이들 극에서는 언어의 사용과 의사소통의 양상이 기존의 전형을 벗어나는 특성이 강하게 나타난다. 일부 평자들은 이러한 장면을 해석함에 있어, 이는 의사소통의 부재, 즉 의사소통이 제대로 이루어지지 않고 있음을 작가가 보여주고자 하는 것이라고 주장한다. 그러나 정작 작가인 Pinter는 이러한 평가와는 달리, 의사소통의 과정에서는 소통의 전략과 동시에 회피의 전략이 구사된다는 점을 주시하여(1978), 일상적 의사소통에서 나타나는 평범하면서도 다양한 전략들을 포착하여 그의 무대언어에 효과적으로 반영한다.

Pinter는 침묵이나 휴지(pause) 등의 비언어적 요소들을 극에 도입하여 언어로 의미화하며 언어의 한계성을 극대화시키는 동시에 언어의 한계성을 극복하기 위한 가능성을 제시하기도 한다. Pinter 극에서 극중인물의 대화를 살펴보면, 언어가 사전적 의미를 전달하지 않고 의사소통적 기능을 상실한다거나, 혹은 언어 표현 이상으로 침묵이나 휴지 등의 비언어적 요소가 중요한 대사의 역할을 하는 경우가 많이 있다. Pinter극에 있어서 침묵은 화자의 속내를 상대방에게 드러내지 않고자 하는 강력한 방어기제이며, 또한 대사의 의미를 강화하고자 하는 강력한 극적 장치이기도 하다. 그런가 하면 Pinter 극에서는 쉴 새 없이 이어지는 다변이나 장광설의 대사가 등장하곤 하는데, 엄청나게 많은 양의 말을 한꺼번에 쏟아내는 장광설은 역설적으로 또 다른 형태의 침묵이라 할 만큼 의사소통의 단절을 초래하기도 한다. Pinter 자신도 두 가지 종류의 침묵이 있다고 주장한 바 있는데, 하나는 말을 하지 않는 것이고 또 하나는 장광설이라는 것이다(1976b). 이는 언어를 사용하는 인간이 경험적으로 종종 발견하는 역설적인 진실이다.

Pinter 극에서는 또한 대화 도중에 말이 자주 끊기고 같은 말이 반복되는 등 불완전한 문장의 대사가 흔히 나타나며, 때로는 앞뒤가 맞지 않고 모순되는 언어표현이 나타나기도 한다. 이는 곧 실제로 일상생활에서 사람들이 구사하는 대화의 특징으로, Pinter는 이러한 점을 포착하여 무대언어에 극적으로 반영하는 것으로 유명하다. 사실상 Pinter극의 대사는 실제 대화의 사실적 특징을 훌륭하게 극적으로 재현한 대사인 것이다(Evans, 1977). 웅변이나 연설이 아닌 일상의 실제 대화에서는 완전한 문장과 문장으로 대화가 이어지는 경우는 드물고, 오히려 말이 자주 끊기고 불완전한 문장이 오가면서 말의 반복이나 모순되는 표현, 그리고 침묵이나 휴지 등이 자주 나타나게 되는 것이 일반적이다. 어딘지 불완전해 보이는 Pinter 대사의 특질은 곧 일상 언어의 본질이기도 한 것으로, Pinter 인물들의 대사가 유창하지 못하고 어딘지 불확실해 보이는 것은 사실 언어의 극적 재현으로서 오히려 자연스러운 것이라고 할 수 있다.

　Pinter 극에서는 또한 극의 진행과 관련한 구체적인 정보를 얻는 데 도움이 되지 않는 것으로 보이는 무의미한 지껄임과 같은 대사가 종종 등장한다. 그러나 이러한 대사가 극중인물의 정서를 반영하는 극적 장치로 사용되고 있음이 극의 진행과 함께 드러난다. 사람들이 주고 받는 말에서는 즉흥적인 경우라 하더라도 그 사람이 가지고 있는 다양한 사고의 줄기들이 혼합되어 나타나기 마련이어서, 비논리적인 말들이 사실상 화자의 감정이나 의도를 역설적으로 잘 드러내곤 한다. Pinter 극에서는 아직 아무런 사건도 일어나지 않은 극의 도입부에서 등장인물의 사소한 잡담 같은 대사가 그들의 정서를 대변해주며 앞으로 전개될 극의 발단 역할을 충실히 하는 것을 볼 수 있다. 사소한 주제로 진부한 대사를 반복하는 극중인물들은 때때로 희극적으로 보이는 경우도 많이 있다. 그러나 그러한 대사들이 그들의 감정과 사고와 욕구의 표출이며, 때로는 그들이 느끼는 불안이나 공포와 긴장의 표출이기도 하다. 그들은 자신의 존재를 확인하고, 자신을 방어하며, 상대방과 원하는 관계를 수립하고자 하는 긴박한 욕구를 부단히 표현하고 있는 것이다. 따라서 이러한 대화는 처음에 희극적으로 들렸다가도 곧 우습지가 않게 되곤 한다. 오히려 역설적으로, 그렇게 비논리적이고 의미없는 지껄임과도 같은 말들은 그들이 처한 상황에서 자신을 지켜가고 자신에게 주어진 삶의 시간을 채워가는 힘찬 삶의 웅변일 수 있다.

Pinter는 이러한 점에 대해 스스로의 경험을 털어놓으면서, 타인이 듣기에는 아주 우스운 말인데 말하는 사람은 사실상 목숨 건 싸움을 하고 있는 경우가 있다고 지적한 바 있다(Almansi, 1981). Almansi(1981)는 진부한 일상적 언급이 사실상 '나 여기 존재하고 있어요. 그걸 아시나요?'의 다른 표현일 수 있다고 지적하는데, *The Birthday Party*의 개막장면에서 Meg의 대사는 바로 그러한 예가 될 수 있다. 이 장면에서 Meg는 계속해서 말을 하고 있지만, 그 말을 하지 않아도 상황이 달라질 게 없어 보이는 무의미한 말들이다. 또한 이 극에서 Stanley는 처음에 말수가 적다가, 낯선 사람들이 그 하숙집에 오게 될 것이라는 말을 듣고는 갑자기 말이 많아지는 모습을 보여, 역설적으로 그의 내면의 공포를 드러내 보이기도 한다.

이와 같이 Pinter의 인물들은 의사소통을 하지 못한다기보다는 그들의 방식으로 의사소통을 하는 것이며, 또한 의사소통의 과정에서 의사소통을 회피하고자 하는 전략을 사용하는 것이라고 Pinter는 말한다. 그들은 상대방에게 자신을 드러내 보이기를 두려워해서 의도적으로 자신을 감추고자 부단히 애를 쓴다는 것이다. 다변이나 장광설을 침묵의 다른 형태로 보는 것도, 자신이 불리한 상태에서 뭔

가를 숨기려 할 때 사람들은 필요 이상으로 많은 말을 반복적으로 퍼부어 논점을 흐리고 의사소통 자체가 어려워지는 상태를 만들곤 하기 때문이다. Pinter(1976b)는 언어를 보는 한 가지 방식으로, 언어란 적나라하게 노출되는 것을 감추고자 하는 지속적인 전략이라고 주장하며, 사람들은 의사소통에 실패한다기보다는 오히려 종종 의사소통의 회피에 실패하여 자신을 드러내곤 한다고 지적한다.

Pinter 극에 나타나는 언어사용 전략과 의사소통의 특징은 "진정한 언어 사용은 우리가 원하는 것을 표현하는 것 못지않게 숨기는 것이기도 하다"는 Farb(1979: 149)의 지적과도 상통하는 것이다. 그는 사람들이 일상생활에서 흔히 하는 악의 없는 가벼운 거짓말들이 사실상 거짓말이라기보다는 어떤 다른 의도를 가진 전략이라고 규정한다. 언어 사용의 이러한 특성은 Pinter 극을 이해하는 열쇠가 된다. Pinter 극에서 극중인물들의 대화는 그들의 전략의 교환이라고 볼 수 있는 것이다. 따라서 Pinter 극에서는 대사에 표현된 언어의 사전적 의미에 국한하여 극적 상황을 이해하려 한다거나 사실관계를 헤아리려고 하기보다는, 그들의 대사가 교환되는 일련의 의사소통 양상을 전체적으로 받아들여 인물 상호간계에서 작용하고 있는 역학관계를 조명함으로써 인물 상호 간의 갈등과 극적 긴장을 파악해야 한다.

Pinter 극의 대사에 나타난 언어사용에서는 고정된 기표와 기의의 관계나 관습적인 문법 등은 사실상 해체되어 있다. Lacan(1977: 299)이 "내가 말에서 찾아내려고 하는 것은 타자의 반응이다"라고 말했듯이,

Pinter 극의 인물들은 타자의 반응을 얻어내고자 하는 언어사용에 몰두한다. Goldberg와 McCann이 Stanley에게 하는 질문들은 대답이 거의 불가능한 것들이 많고, 또한 질문의 내용들이 서로 상충되고 모순되는 것들도 많다. Lacan은 또한 "나를 주체로 만드는 것은 나의 질문"이라고 지적하였는데, 주체로서의 Goldberg와 McCann도 '낮이 먼저냐 밤이 먼저냐,' 혹은 '닭이 먼저냐 달걀이 먼저냐'라는 식의 질문을 무차별적으로 던짐으로써 Stanley라는 타자를 무력화시킨다. Stanley는 그들의 질문 공세에 더 이상 저항하지 못하고 순응하게 되는데, Pinter는 이러한 극적 상황을 Stanley의 언어장애로 나타내고 있다.

일찍이 Nietzsche(1872)는 이성을 권력과 지배의 형식으로 보고, 이성적 사회의 억압에 주목하였다. 후일 Faucault와 Derrida 등의 포스트주의자들에게서도 유사하게 재현되는 니체의 언어관에 의하면, 인간은 어떤 대상의 이미지를 그것과 아무 관계도 없는 인간의 낱말로 고정시키고 개념화해서 그것이 마치 대상 자체인 것처럼 여기고자 한다는 것이다(Ryan, 1998). 이렇게 해서 언어와 개념은 원래 다양하고 무한하게 운동하는 것인데, 이것을 고정시키고 단순화하며 불구로 만들어버리게 된다. 인간은 이러한 개념과 언어가 가리키는 것이 그 대상의 본질이자 진리라고 오해하므로 항상 언어와 개념으로 인해 오히려 길을 잃고 헤매곤 한다. Nietzsche는 이러한 관점을 통해 진리라고 불리는 모든 것이 가상임을 지적하고 이것을 '권력을 향하는 의지'로 설명한다. Nietzsche는 현대문명을 질병으로 진단하고 이

성적 사유에 대한 확신을 흔들어 근대성의 이상을 전복함으로써 혁명적 사유의 전환점을 마련한 사람이다. Pinter의 *The Birthday Party*에서 나타나는 언어 사용의 양태에서는 바로 이러한 혁명적 전복의 배음을 읽을 수 있다. 아버지와 법이라는 권력으로 무장한 Goldberg와 McCann의 언어는 사회적 억압으로 작용하여 Stanley를 굴복시키지만, 그들의 언어는 또한 이성적 언어의 해체를 드러내는 역설을 낳는다. Goldberg와 McCann의 힘찬 공격적 대사 앞에서 무력해진 Stanley의 대사를 통해 나타나는 언어장애는 사회·정치적 체제에 스며있는 지배 이데올로기의 억압적 구조와 그 허구성을 드러내 보임으로써, 인식론적 변혁을 통한 내부로부터의 해체를 주장하는 효과적인 저항이 된다.

4) *The Birthday Party*에 나타난 장애의 미학

계몽주의 시대에 Baumgarten에 의해 철학의 한 분야로 탄생하고 Kant와 Hegel에 의해 체계적으로 확립된 미학은 포스트 시대에 이르면서 다양화, 파편화, 탈정전화 등의 경향을 수용하며 보다 대중적인 개념으로 자리잡아가고 있다. 관습에 길들여진 감각을 의도된 역설로 해방시키고 본질적인 무의식의 세계를 볼 수 있도록 하는 진정한 미학을 추구하여 '현실보다 더 본질적인 비현실'(Locke, 1994)을 경험하도록 하는 것이 이 시대의 미학이 추구하는 방향이라 할 수 있다. 모순 속에 진리를 함축하고 있는 역설의 미학을 추구하는 포스트주의의 해체는 전통적으로 내부에 있어왔던 개념과 도구를 이용하여 스스로 역설이 드러나게 하는 방식으로 이루어진다. 대안이 부재하는 상황에서 역설을 포괄하며 진행되는 해체 전략은 이중성을 내포하며 경계를 넘나들고 가로질러 작동한다. 이는 우리가 일상에서 흔히 경험하고 실천하는 역설의 논리이다. '타자'가 중심의 위치를 차지하고, 억압된 욕망이 되살아나며, 표층구조에 가려졌던 언어의 심층구조에 중요성이 부여되는 것 등은 포스트시대의 가치를 역설적으로 보여주는 예들이다.

*The Birthday Party*의 하위텍스트에 나타나는 역설은 언어 표현과 의사소통의 문제와 관련하여 극명하게 드러난다. 이 극에 나타나는 작가의 언어 해체 전략과 대단원에서 주인공에게 나타나는 언어장애는 로고스 중심주의에 기초한 서구 문명에 대한 저항이자, 포스트 주의가 추구하는 탈현대적 미학과 상통하는 것이라고 할 수 있다. 언어의 기호체계가 자의적인 것이라는 인식 아래 해체라는 방법을 통해 언어를 분석하고자 한 해체철학은 포스트주의의 기반을 제공한 이론이었다. 기표의 놀이에 불과한 언어는 어떤 의미도 명확하고 단순하게 재현할 수 없다고 보고 언어의 역할에 '차연'이라는 개념을 도입하여 텍스트를 해석하고자 한 것이다(Derrida, 1972).

해체이론은 문학 텍스트뿐만 아니라 문화적 생산물들의 다양한 의미를 찾는 데도 적용되어 포스트 시대의 미학 추구에 많은 역할을 하고 있다. Siebers(2002)도 정형화된 이미지를 해체한 심미적 판타지를 장애학의 맥락에서 해석하고자 하면서 장애의 미학을 논한 바 있다.

*The Birthday Party*의 언어사용 전략에서도 포스트 주의의 언어철학이 반영되어 나타난다. 이 극에서는 전통적인 연극적 언어의 형식이 해체된 언어의 게임과 같은 무대가 제시된다. 기표와 기의의 안정된 결합이 해체됨으로써 등장인물들의 대사는 모호하고 모순되게 들리며, 관객에 따라 얼마든지 다양한 해석을 할 수 있다.

또한 등장인물들이 의사소통을 통해 자신을 노출시키려 하기보다는 스스로 의사소통을 회피하고자 하는 전략을 부단히 사용하기 때문에, 관객은 표현된 말과 표현되지 않은 말을 동시에 들을 수 있어야 극적 상황을 이해할 수 있다. 자연히 그들 사이에서는 논리적으로 유창하게 완성된 문장으로 이루어지는 대화가 거의 나타나지 않는다. 의미 없는 지껄임으로 존재를 확인하고, 대답이 불가능한 수수께끼 같은 질문으로 상대방을 압도하여 굴복시킨다. 종종 침묵으로 말을 대신하며, 홍수처럼 쏟아내는 장광설로 침묵을 대신하기도 한다. 그리고 급기야 대단원에 이르러서는 수용하고 이해할 수 없는 상대방의 언어사용 전략에 압도되어 주인공이 실어증 상태를 보이기에 이른다.

극의 후반에 이르러 Stanley는 Goldberg와 McCann의 언어 전략 앞에서 그저 무기력할 뿐 아무런 응수도 하지 못하고 고통스러운 듯한 신음소리만 연발한다. Meg의 품을 떠나 상상계에서 상징계로 진입하는 단계에서 Stanley가 만난 Goldberg와 McCann은 이 극에서 권위적인 사회의 상징으로 나타나는 것으로 앞서 분석한 바 있다.

이와 같은 이 극의 언어사용 양태는 소위 유창한 언어 사용을 권장하고 찬미하는 일반적 언어 관념을 신랄하게 전복하는 것이다. 또한 기표가 고정된 기의를 나타내고 언어가 진실을 표현하는 것이라는 관습적 사고의 해체를 요구하는 것이기도 하다. 이 극에서 Stanley의 언어장애는 대답할 수 없는 질문에 대한 응답이자, Stanley의 진실을 노출시키는 극적 전략이다. 즉 이 극에 나타난 언어장애는 현실 이상의 진실을 드러내는 포스트 시대의 역설의 미학에 대한 웅변인 것이다.

Lacan(1977)은 정신병을 설명하면서 정신병이 야기시킨다고 생각한 언어장애를 강조한 바 있다. 그의 생각으로는, 언어장애가 있건 없건 사람은 누구나 로고스 속에서 살고 있는데도 장애인만이 부당한 상황에 직면한다고 보았다. 그리고 오히려 그러한 정신병적 상태나 그러한 상태에서 언어장애를 겪는 사람들을 옹호하는 입장을 취하였다. 그는 장애인의 손상된 언어 이상으로 아버지(혹은 법)의 권위적인 은유가 입게 될 파괴적인 효과를 열거하며 역설을 발견한다. 여기서 Lacan이 말하고자 하는 것은, 정신병이나 언어장애를 안고 있는 사람에게 부과되는 어려움은 오히려 포상이 될 수 있고, 정신병자를 괴롭히는 박탈 사항을 열거하는 그 행위 속에서 새로운 풍요로움이 탄생한다는 것이다(Bowie, 1991).

이 극에서는 관습을 탈피한 연극 문법과 역설적인 이미지가 해체된 플롯과 함께 무대 위에 제시된다. 전통적인 연극에서는 사건들이 그럴듯한 개연성과 일관성 있는 인과 관계에 따라, 시작과 끝이 상호 유기적으로 연관되어 전개되는 것이 일반적이다. 그러나 이 극에서는 인과법칙에 따라 사건이 전개되지도 않고 아무런 설명이 없이 사건이 돌발적으로 일어나며 은유와 환유의 이미지들이 제시될 뿐 전통적인 플롯의 형식이 무시되고 있다. 이러한 이 극의 특징들은 이 시대가 인식하는 사실 세계의 반영이며, 이를 표현하는 해체된 언어와 함께 포스트 시대의 미학을 잘 대변하고 있다.

*The Birthday Party*에서 나타난 특징은 그간 서구 연극계를 지배해 온 관습적 언어에 종속된 연극에서 탈피하고 새로운 삶의 가능성을 제시하려는 것이다. 이는 인간의 심연에 자리한 비합리적인 요소와 잠재적 욕망을 해방시키려는 시도로 나타난다. 인간 정신의 본성과 어두운 면에 대한 예찬은 이성적이고 지적인 것을 강조하는 문명에 대한 해독제로 여겨지기까지 한다. *King Oedipus*에서 Sophocles는 주인공으로 하여금 자연 질서의 파괴를 통해 자연의 비밀을 깨닫게 함으로써, '디오니소스적 지혜는 소름끼치는 것'(Nietzsche, 1872)이라는 결론에 달하게 만든다. 이러한 비이성이나 욕망 등의 반합리주의 이념들은 포스트 주의가 추구하는 가치의 결정적 요인들이다. 이 시대의 미학은 사회적 순응 메커니즘에 의해 구성된 주체의 해체를 찬성하는 것이다. 해체는 그 자체로 궁극적인 목표가 아니라 새로운 생성과 도약을 시도하는 것으로서, 삶에 대한 원망 대신 삶을 긍정하는 힘을 대변하는 것이며 새로운 주체로 거듭 나기 위한 대안적 주체화 전략이다.

억압적인 사회 현실에 맞서 그 현실을 해방시키는 전복적 담론을 생성하고 확장시키는 것은 곧 장애의 미학을 추구하는 것이다(Gabel,

2005). 그리고 장애의 미학을 추구한다는 것은 곧 장애와 관련한 현실적 모순의 중핵에 접근하는 것이다. 나아가 정형화된 이미지를 해체하고 아름다움의 이상을 확장하는 장애의 미학은 모순과 편견의 규범을 수정하는 사회의 동력으로 작용할 수 있다. 연극적 현실과 사회적 현실이 맞닿는 지점에서 탐색한 장애의 미학에 대한 인식이 확산되어, 통합교육과 사회통합이라는 당면한 난제를 풀어갈 수 있는 사회적 상황의 승화가 이루어질 것을 기대한다.

IV

영화 속 장애
다시 읽기

장애 다시 읽기
장애학과 특수교육학의 만남

현대의 문화예술 영역에서 영화가 차지하는 비중은 실로 막중하다. 영화는 여타의 예술 장르보다 역사가 짧은 신생 영역이었지만 20세기에 가장 인기 있는 예술영역으로 자리잡아 기존에 활자가 차지하던 대중의 인기를 끌어모으게 되었다. 여기에 컴퓨터의 급속한 보급과 확산이 맞물리면서, 영화를 비롯한 영상매체의 급격한 대중화는 앞으로도 더욱 가속화될 것으로 전망된다. 더구나 IT강국으로 자리잡은 우리나라에서 대중문화의 영상시대는 이제 매우 중요한 문화적 현상이 되어, 영상매체는 활발한 대중 간 소통이 이루어지는 사회·문화적 채널로까지 자리매김하고 있다.

　이러한 환경적 변화에 따라, 영화를 비롯한 영상매체와 사회적 인식의 변화 간에 이루어지는 상호적 영향도 당연히 커지고 있다. 연극무대는 무대 위의 등장인물과 관객이 서로 같은 공간에서 동시에 같이 호흡하며 소통하는 장점이 담보되는 한편, 영화는 연극과 같은 동시성이나 직접성은 결여되더라도 무한한 공간적·시간적 확산성으로 인해 또한 영향의 정도가 지대하다 할 수 있다.

우리나라에서 장애라는 주제가 영화에 나타난 역사를 추적하기는 쉽지 않은 일이겠으나, 2004년에 〈말아톤〉이 500만명 이상의 관객을 모으면서 장애인 영화의 새로운 시대를 열었다는 사실(류미례, 2015)에는 어렵지 않게 동의할 수 있다. 물론 〈말아톤〉 이래 장애인이 비중있게 등장하는 영화가 많아진 것이 그 영화 자체의 영향이나 효과 못지않게, 그러한 영화들이 나오게 된 사회정치적 배경에 편승한 경향이 크다는 사실 또한 부인할 수 없다. 사회 발전에 따른 사회적 인식의 변화는 대중의 장애인식과 관련한 감수성의 수준에도 영향을 미쳐서, 근래에는 장애 관련 영화의 수준에서도 과거와 다른 변화들이 나타나고 있다.

근래에 개봉되는 영화에서는 과거에 비해 장애인을 대하는 자세나 장애 관련 묘사 등에 있어 진일보한 측면이 크다. 장애 자체를 하나의 상징성으로 뭉뚱그려 영화적으로 활용하려던 기존의 자세는 많이 사라지고, 최근에는 특정 장애에 대한 기본적인 지식을 바탕으로 하여, 장애인을 묘사하는 태도의 변화가 확연히 드러난다. 특히 다음에서 논할 영화들은 이러한 측면에서 선도적인 영화들로서, 예를 들어 시각장애인이 사진찍기를 즐긴다거나, 청각장애인이 노래방에서 즐겁게 노래를 부르는 상황이 제시되는 등, 소위 그간의 그릇된 고정관념을 전복시키는 영화들이다.

앞서 연극 텍스트의 경우는 영미연극 정전을 대상으로 하였으나, 영화의 분석에서는 한국영화를 대상으로 선정하였다. 작품선정은 비교적 대중의 호응이 높았던 최근 개봉작 중에서, 특수교육적 분류에 따른 각 장애영역을 대표하는 영화를 가능한 범위 내에서 선정하고자 하였다.

먼저 영화 〈증인〉에서는 자폐성장애를 가진 여학생이 주요인물로 등장하여 자폐성장애의 특성들과 맞물려 영화의 이야기가 전개된다. 그리고 〈두 개의 빛: 릴루미노〉는 시각장애인들의 일상을 그린 영화이며, 〈반짝이는 박수소리〉는 청각장애인 주인공들이 직접 등장하여 그들의 일상을 직접 보여주며 청각장애와 관련한 대중의 오해와 편견을 날리게 해주는 영화이다. 〈채비〉에서는 발달장애인 아들을 둔 엄마가 죽음을 앞두고 아들의 자립을 준비하면서 발달장애인이 처한 현실을 잘 보여준다. 지체장애인과 지적장애인이 함께 주인공으로 등장하는 2019년 개봉작 〈나의 특별한 형제〉에서는 실화를 바탕으로 장애인들을 둘러싼 우정과 인간애를 통해 현대사회가 지향해야 할 통합의 가치를 제시하고 있다. 그리고 마지막으로 한국에서 활발하게 시작되고 있는 배리어프리 영화의 현주소를 짚어봄으로써, 미래지향적 통합사회에서 우리가 향유하게 될 문화역량을 가늠해보았다.

1. 증인

국내 최신작으로 자폐성 장애인을 주인공으로 한 영화 〈증인〉이 있다. 이 영화는 최근 장애인이 주인공으로 등장한 한국영화 중 상당한 호평과 함께 대중적인 흥행에서도 성공을 거둔 영화라고 할 수 있다. 변호사 양순호역을 연기한 주연배우 정우성은 이 영화로 올해(2019) 백상예술대상 영화 부문 대상을 수상하기도 하였다.

장애인식이 훨씬 개선된 최근의 영화답게, 이 영화에서는 자폐성 장애인 임지우라는 인물을 통해 자폐성 장애의 특징이 비교적 잘 나타나고 있다. 타인과의 소통이 어려운 자폐의 특성을 영화적 장치로 활용하여 순호와 지우가 영화 초반에서 티격태격 갈등을 겪는 장면에서 영화적 재미를 선사하기도 하고, 문제 맞추기를 좋아하는 지우에게 퀴즈를 내면서 순호가 지우와 가까워지는 장면 등은 좋은 예이다. 또한 수업시간에 지우가 윤동주의 시를 읽으면서 '지붕이랑 길이랑 밭이랑 추워한다고 덮어주는 이불인가 봐'라는 구절을 읽고 이해하지 못하는 장면이 있다. 이러한 상징적인 수사나 비유를 이해하지 못하는 자폐의 특성을 보여주는 장면과, 또한 이를 이해하지 못하고 비웃는 같은 반 학생들의 모습도 매우 사실적이다.

가정형편 때문에 현실과 타협하기로 마음먹은 민변 출신의 변호사인 순호가 한 살인사건의 국선 변호를 맡게 되면서, 장애인에 대한 편견과 그 편견의 변화과정을 보여주며 영화가 전개된다. 순호는 살인용의자의 무죄를 입증하기 위해 이 살인사건의 유일한 목격

자인 자폐소녀 지우를 증인으로 세우려고 한다. 그러나 자폐성 장애인의 특성인 의사소통의 어려움에 부딪치며 이런저런 에피소드를 낳아가는 영화 초반의 전개과정을 지나면서, 순호는 지우라는 인물과 자폐라는 장애의 특성을 이해해가는 과정을 경험하게 된다. 이 과정에서 장애나 장애인에 대한 이해가 거의 전무한 순호의 모습은 사실상 전혀 낯설지 않은 보통사람들의 모습으로 관객에게 다가간다. 그리고 지우를 만나고 소통하려 애쓰는 과정에서 순호와 함께 관객도 지우를 이해하고 자폐를 알아가며 장애를 이해해가는 과정에 자연스럽게 동참하게 된다. 이러한 긍정적인 측면은 장애에 대한 우리 사회의 변화된, 그리고 변화되어야 할 인식을 반영하는 고무적인 측면이라고 할 수 있다.

이 영화에서 지우는 뛰어난 암기력을 지닌 고기능 자폐성 장애인으로 등장한다. 그녀는 맞은편 집에서 일어난 살인사건의 범행현장 목격 당시 범인이 했던 말을 완벽하게 기억해서 재판과정에 큰 변수로 작용하게 되는 인물이다. 정확한 기억력이나 암기력 등의 뛰어난 능력은 자폐성 장애인 중에서도 극소수에게서나 찾아볼 수 있는 능력이지만, 영화나 드라마에서는 상황을 완전히 반전시키는 극적장치로 종종 활용되곤 한다. 이러한 점은 사실에 입각했으면서도, 대중들로 하여금 자폐에 대한 오해나 엉뚱한 기대를 불러일으킬 소지를 다분히 안고 있다. 자폐성 장애인이 등장하는 영화의 고전이 된 외화 〈레인맨〉 등을 통해 서번트 증후군이라는 특정 장애영역은 많은 영화관객들에게 이미 친숙한지 꽤 오래다. 아직도 자폐를 다루는 영화에서 이러한 특성은 포기하기 어려운 매력적인 영화적 장치로 남아 있는 듯하다.

그런데 순호가 지우를 이해하고 친근감을 가지고 다가가도록 변화해가는 일련의 과정에서 보여주는 긍정적인 전개에도 불구하고, 순호의 권유대로 지우가 일반학교에서 특수학교로 옮겨가는 결말은 장애학과 특수교육학이 만나는 지점에서 못내 아쉬운 결말이라고 하지 않을 수 없다. 현대 특수교육과 장애인 복지의 최고의 화두는 통합교육을 통한 사회통합이다. 그런데 지우는 일반학교의 완전통합 상황에서 특수학교로 역행하는 선택을 함으로써, 다분히 당혹감을 안겨주는 결말에 이르도록 한다. 이 결말은 장애학이나 특수교육 등의 장애인 복지 관련 분야에서 외치는 통합이라는 화두가 대중적인 인식으로 자리잡지 못하고 있다는 현실의 반영이라고 보기에도 석연치 않은 부분이 있다. 특수학교로 옮겨가서 좋은 이유를 말하면서 지우는 일반인인 척하지 않아도 되어서 좋다는 표현을 하는 것이다. 역설적으로 이 대사를 통해 전달되는 이 영화의 의미는 통합사회의 정착을 위한 노력의 무게라고 할 수 있으며, 또한 연출의 의도와 무관하게 이 영화가 던지는 사회적 과제라고 할 수 있다.

2. 두 개의 빛: 릴루미노

'릴루미노'는 '빛을 선물하다', '시력을 되돌려주다'라는 뜻의 라틴 어원을 지니고 있다. 영화 〈두 개의 빛: 릴루미노〉에는 두 명의 시각장애인 주인공이 등장하는데, 요즘 젊은이들 사이에서 인기 있는 배우 박형식과 한지민이 그 역을 맡고 있다. 두 배우의 젊고 밝은 이미지는 장애라는 소재를 밝고 긍정적인 일상의 단면으로 읽어내도록 하는 데 일조하는 바가 크다. 주인공뿐 아니라 이 영화에 등장하는 많은 시각장애인들도 그들이 추구하는 취미생활을 하며 위축되지 않고 삶을 즐기는 모습으로 그려져서, 이 영화가 보여주고자 하는 전향적인 장애인식의 단면이 잘 드러난다.

이 영화는 시력을 잃어가는 시각장애인들이지만 사진찍기를 즐기는 시각장애인 사진동호회의 회원들 간에 벌어지는 에피소드를 줄거리로 하고 있다. 주인공을 비롯한 시각장애인 등장인물들은 서로 모여 여행을 하고 사진을 찍으며 소통하고 일상의 즐거움을 공유하는 것으로 그려진다. 영화는 이들 동호회에서 이루어진 세 번의 출사와 다섯 번의 만남에서 있었던 일들을 담아내고 있다. 여느 영화들처럼 주인공인 인수와 수영의 사랑이 싹트는 과정이 영화를 이끌어가는 주된 줄거리이지만, 마음을 열기 전의 인수가 장난스럽게 접근하는 수영을 향해 "수영씨는 시각장애인인 게 재미있나 봐요?"라고 말하는 장면은 이 영화와 다른 영화의 차이를 압축적으로 말해준다. 시각장애인이라는 사실은 더 이상 어두운 절망일 수 없고, 사랑하며 삶을 즐기는 데 장애가 될 수도 없다는 메시지의 전달인 것이다.

오히려 정상 시력을 가지고도 수영의 현실을 사실과 달리 암울하게 잘못 보는, 길 가던 할머니와 수영의 에피소드는 오히려 대중의 그릇된 인식이 드러나는 안타까움을 자아낸다. 장애인을 불편하게 하는 것은 장애 자체라기보다 그 장애를 바라보는 대중의 왜곡된 시선과 인식임을 보여주는 에피소드이다. 특히 우리에게 익숙한 인정 많은 할머니를 통해 이러한 장면을 보여주는 것도 함축적으로 많은 것을 전달하고자 한 연출의 의도로 보인다. 사람을 보는 따뜻한 시선이나 애정과는 별개로, 고정관념에 익숙하여 변화하는 가치관이 생소한 할머니는 이 영화에서 사실상 선량하나 그릇된 인식을 가진 대중을 복합적으로 상징하고 대변하는 인물이다.

이 영화에서 사건이 일어나는 배경을 사진동호회로 설정한 것도, 각별한 의미가 있는 설정으로 읽힌다. 사진을 찍으려면 무엇보다 시력이 필요하지만, 시력을 잃어가고 있는 그들이 바로 이러한 사진찍기를 즐기는 상황은 그 자체로 강력한 메시지의 전달인 것이다.

특히 이 영화는 삼성전자(주)가 저시력 장애인들의 불편을 해소하고자 만든 VR용 에플리케이션 '릴루미노'를 소재로 제작한 단편 영화이다. 2017년 12월 21일 온라인을 통해 공개되었고, 12월 27일부터는 시청각장애인을 위한 배리어프리 버전도 함께 공개되었다. 이러한 이 영화의 배경은 그 자체로 최근 장애인식의 변화를 잘 보여주고 있는 것이다. 국내 최대 기업이 장애에 대한 사회적 지원에 동참하고 있고, 인기 있는 젊은 연예인들이 전면에서 역할을 하고 있으며, 시각장애인이 사진찍기를 즐기는 다소 공격적인 소재를 영화매체에 무리없이 담아내어 대중의 공감을 이끌어내도록 했다는 점 등은 다각적인 차원에서 함의가 크다. 첨단산업의 신흥강국이자 문화강국으로서의 우리의 위상에 걸맞는 사회적 인식의 성숙이 이미 우리 사회를 통합의 큰 길로 들어서게 한 것이다.

장애학 태동의 이론적 기반이 된 장애의 사회적 모델에서는 장애인과 환경의 상호작용 과정에서 파생되는 장애에 주목한다. 시각장애인의 시력에 대한 사회적 지원이 이루어질 수 있다면 사실상의 장애는 발생하지 않게 된다. 최근의 특수교육학 이론에서도, 장애로 인한 인간 기능성에서의 제한을 최소화하기 위한 지원에 초점이 맞추어지고 있다. 장애인과 주변 환경의 적응과정에서 발생하는 여러 가지 어려움은 환경적인 교정과 지원을 통해 해결해가야 하는 것이다.

3. 반짝이는 박수소리

팔을 높이 들어 손가락을 모두 펴고 소리 없이 손을 흔드는 동작으로 청각장애인들은 박수소리를 표현한다. 이는 갤로뎃대학[3]에서 청각장애인 총장 추진운동이 전개될 무렵, 청각장애 문화에서 박수에 해당할 만한 새로운 시각적 표현으로, 이 대학 학생들이 만들어

---

3 미국 워싱턴 D.C.의 도심에 위치해 있는 갤로뎃 대학(Gallaudet University)은 세계 유일의 청각장애인을 위한 종합대학이다. 본문에서 언급한 이 대학의 총장 선거에서 청각장애인 총장을 지지하는 청중의 '반짝이는 박수소리'는 "들리지 않는 갈채의 바다였다"(강수정, 2019: 246)고 리아 헤이거 코헨은 말한다. 코헨은 이길보라 감독과 같은 코다(CODA: Children Of Deaf Adult), 즉 청각장애인 부모에게서 태어난 건청인 자녀이다.

낸 것이었다. 조용하게 반짝이는 그 박수는 청각장애 공동체 전역으로 널리 빠르게 퍼져나가 하나의 문화로 자리잡았다. 이제는 너무나 뿌리 깊이 정착한 나머지 그 전통이 생겨난 게 실은 얼마 되지 않는다는 사실을 믿기 어려울 정도이다. 청각장애인의 아름다운 언어문화의 상징이 된 '반짝이는 박수소리'는 한국의 이길보라 감독이 2015년에 개봉한 영화의 제목이기도 하다.

〈반짝이는 박수소리〉는 한국의 청각장애인 가족의 일상을 다룬, 한국인 작가와 연출로 발표된 다큐멘터리 영화이다. 이 영화 속의 청각장애인 부부는 말없이 대화를 하고 눈빛으로 사랑을 나눈다. 음악이나 상황을 설명하는 내레이션도 최소화하여, 처음에 관객은 자칫 답답하게 느낄 수도 있다. 이는 "관객이 음악과 내레이션에 귀를 기울이기보다 그들의 삶과 부모님이 서로 감정을 나누는 수화에 집중"하기를 원하는 감독의 바람(https://bridgenews.tistory.com/2678)이 반영된 때문이다. 그러나 등장인물들의 밝은 모습에 관객도 빠져 들어가면서 처음 느꼈던 답답함은 차츰 사라지게 된다. 자막을 안보더라도 청각장애인 부부가 나누는 수화가 이해되기 시작하고, 그들의 표정에서도 전달하고자 하는 의미가 느껴지게 되는 것이다.

이 영화를 만든 사람은 바로 영화에 등장하는 청각장애인 부부의 실제 딸인 이길보라 감독이다. 청각장애인 부모의 건청인 자녀인 이감독은 이 작품을 통해 자신의 가족을 있는 그대로 세상에 보여준다.

"카메라를 들고 집에 갔을 때 굳이 설명을 하지 않아도 됐어요. 다들 제가 뭘 찍고자 하는지 알고 있었거든요. '장애와 편견'에 대한 이야기는 평생 청각장애인으로 사신 부모님 그리고 그 밑에서 자란 저와 동생이 평소 하고 싶었던 것이었거든요. 게다가 다큐멘터리는 그걸 가장 잘 이야기 할 수 있는 장르잖아요."

(https://bridgenews.tistory.com/2678)

이감독이 이어서 고백하듯이 "정말 멋있고 아름다운 부모님이 부족함 없이 키워주셨지만, 철이 들면서부터 외부 사람들의 편견을 느낄 수밖에 없었던" 그들에게 이 영화는 "그런 편견에 대한 반격"이었다. 가족의 일상을 있는 그대로 세상에 보여주는 것만으로, 세상의 근거 없는 편견에 대한 도전이 된다는 것은 의미심장한 일이다. 실제를 알기만 하면 사람들은 그 편견을 버리게 될 것이라는 전제가 있기에 가능한 것, 즉 세상이 제대로 알지 못하기 때문에 편견이 있다는 것이다.

이러한 차원에서, 사회적 편견에 싸여 있는 가족 당사자들이 대중 앞에 비춰질 자신들의 모습과 직면한다는 것이 쉽지 않은 일임에도 불구하고, 이감독은 이 작품에서 만큼은 그런 부담이 없었다고 단언한다. 청각장애인 부모가 직접 주인공으로 등장하여 연기를 하며 가족의 일상을 사실적으로 보여주는 영화는 그 자체로 영화 관객에게 파격적인 경험을 안겨준다. 영화 〈템플 그랜딘〉에서 자폐성 장애인인 템플 그랜딘이 영화를 통해 직접 자폐에 대해 말하는 것처럼, 청각장애인 부부가 직접 영화에 출연하여 그들의 삶에서 경험한 가장 확실하고 진솔한 이야기를 들려주기 때문이다. 그런데 이 영화가 〈템플 그랜딘〉과도 또 다른 점은 이들 청각장애인 부부가 곧 영화에서 직접 연기자로 등장하기까지 한다는 점이다.

축구선수가 되고 싶던 청년과 교사를 꿈꾸던 숙녀가 서로 사랑에 빠져 부부의 연을 맺는다. 그러나 청각장애로 인해 각자의 꿈을 이루지는 못하고, 청년은 목수로 숙녀는 미싱사로 일하며 아들과 딸을 둔 부모가 되어 열심히 살아간다. 청각장애인을 부모로 둔 건청인 자녀는 부모의 통역사 역할로 어린 나이에 세상과 소통하며 너무 일찍 어른이 되어 간다.

손으로 옹알이를 하며 말 대신 수화를 먼저 배우고 침묵의 세계에서 혼란스러운 성장기를 보냈던 코다의 이야기는 관객이 몰랐던 다른 세상에 대한 편견을 조용히 버리도록 이끌어준다. 자신의 부모의 세계가 다른 사람들의 세계와 어떤 차이가 있는지를 설명하면서, 차이가 차별이 되어 상처받고 소외당하는 경험들이 모든 사람의 이야기로 확장되어가는 것은 나도 누군가에게는 '다른' 존재일 수 있다는 깨달음 때문이다.

영화의 클라이맥스는 이들 청각장애인 부부가 노래방에서 즐겁게 노래를 부르는 장면이다. 들리지 않고 제대로 발성을 할 수는 없지만 청인들(hearing people)과 다를 바 없이 노래를 부르고 흥겨운 몸짓으로 즐거움을 표현하는 장면이 주는 효과는 대중의 인식 전환 그 이상이다.

"저희 가족에게 노래방은 익숙한 공간이에요. 엄마는 언어가 되지 못하는 소리로 노래를 부르고 아빠는 손으로 그걸 해요. 처음에는 어색한 게 당연해요. 평범한 사람이 평소 보지 못했던 광경이고 노래도 이상하게 부르잖아요. 하지만 어느 순간 그들의 노래와 자신의 생각이 겹쳐지면서 아름답게 느껴지는 지점이 있어요. 그때부터 그들이 사는 세상에 들어가게 되는 거죠."

(https://bridgenews.tistory.com/2678)

주인공의 대사나 음악, 내레이션 등 모든 유형의 소리가 적은 이 영화에서 그 소리의 공백을 채우는 요소는 관객의 시선을 끌어들여 영화 화면의 상황에 몰입하도록 유도하는 것이다. 화면을 통해 관객은 주인공의 노래가 얼마나 흥겨운 것인지를 공감하고 소리의 부재가 그 흥을 억제할 수 없음을 실감한다. 그들의 일상을 영화의 장면으로 보여주는 것으로 충분하리라는 감독의 예상은 그대로 적중한다. 인식의 전환을 넘어 대중이 큰 깨달음을 얻도록 하는 수단은 언어적 설명이 아닌, 청각장애인들의 경우처럼, 소리 없는 화면이다.

청인들의 세계에 크고 작은 여러 가지 소리가 있는 것처럼, 청각장애인들에게는 시각에 기반한 수어와 몸짓이나 표정 등의 언어가 있다. 여러 가지 표정을 짓고 신체의 어떤 부위에 손을 대기도 하며, 입술과 이를 부딪쳐 내는 소리나 색색거리는 기식음 등으로 표현하고 소통한다. 반드시 서로를 쳐다보고 대화하며, 팔을 톡톡 두드리거나 발을 굴러 진동을 전달하여 누군가를 부른다. 여러 사람이 대화할 때는 말하는 사람의 수어를 보기 위해 모두가 기꺼이 앉아있는 의자의 방향을 조정하기도 하고, 비밀 이야기는 손을 허리 밑으로 내리거나 등 뒤로 숨겨서 한다. 자유로운 대화에서 보여주는 수화의 빠른 리듬과 자연스럽고 의미로 충만한 동작 등은 매력적인 그들의 언어문화이다.

이처럼 조용히 반짝거리는 청각장애인들의 세계를 생생하고 감동적으로 그려낸 이 영화가 보여주는 것은 청각장애인들이 수어라는 언어를 사용하는 소수민족이라는 것, 그들과 청인들 세계의 차이는 단지 언어문화가 다르다는 것이다. 사람마다 독특한 개성이 있고 지역마다 언어문화가 다르듯이, 청인들과 청각장애인들은 다른 언어문화를 가지고 있다는 차이를 자연스럽게 인정해야 하는 것이다.

사람들은 환경 여건에 따라 그에 가장 적합한 문화를 형성하며 역사를 발전시켜왔다. 언어뿐 아니라 의식주 모든 면에서 각기 최적의 문화를 찾아가는 과정에서 자연스럽게 차이가 발생할 수밖에 없다. 열대지방과 한대지방의 건축양식이 다르듯이, 청각장애인들의 대학인 갤로뎃 대학은 건축 양식에서도 시각이 청각을 대신할 수 있도록 설계된 차이를 발견할 수 있다.

이길보라 감독은 블로그를 통하여 자신이 직접 방문했던 갤로뎃 대학의 건물구조에 대해서도 소개한 바 있다. 건물들의 가장 큰 특징은 시야가 탁 트여있다는 점인데, 건물의 내부와 외부에서 넓게 뚫린 창을 통해 자유롭게 대화할 수 있도록 되어 있다고 한다. 1층

밖에 있어도 1층 내부에 있는 친구와 수화를 통해 제한 없이 대화할 수 있고, 건물 밖에 있어도 안에서 일어나는 일들을 알 수 있도록 설계되어 있다. 건물 내부도 Hall 형식으로 뚫려있어서, 1층에 있건 2층에 있건 좌측에 있건 우측에 있건 시야를 확보할 수 있게 되어 있다. 청각장애인은 건물 내부에서 벽이 일자로 쭉 되어있고 커브가 아니라 직각으로 되어있는 그런 구조에서 불안함을 느낀다고 한다. 그도 그런 것이 소리라는 정보 하나 없이 직각으로 되어있는 벽을 만나면 그 뒤에 어떤 일이 일어날지 하나도 모르는 상황이 정말 그럴 것 같다. 그래서 갤로뎃대학의 내부 구조는 벽이 직각이 아니라 커브로 자연스럽게 되어있다. 청각장애인의, 청각장애인을 위한, 청각장애인에 의한 건축과 디자인이라니 실로 놀랍다. 장애로 인한 개인의 불이익이나 불편함은 적절한 환경적 지원과 함께 최소화될 수 있는 것이다.

4. 채비

2017년에 개봉한 영화 〈채비〉는 발달장애 아들을 돌보는 엄마가 뇌종양에 걸린 후 아들의 독립을 준비하는 이별의 과정을 담고 있다. 일곱 살 같은 서른 살 아들 인규를 돌보아온 엄마 애순이 자신의 사후 홀로 남겨질 아들을 위해 특별한 '채비'를 해가는 과정에서 관객도 장애인과 그 가족에 대한 인식을 달리 하는 경험을 하게 된다.

엄마가 아들을 남겨두고 세상 떠날 채비를 하는 것이나, 그 아들이 보통의 아들들과는 많이 다르다는 것까지는 익숙한 이야기일 수 있다. 그런데 이 영화는 여기서 한 걸음 더 나아가고 있다. 애순이 아들 인규의 홀로 서기를 준비하는 과정을 통해 드러나는 우리 사회의 단면들은 애순이 만든 체크리스트만큼이나 구체적이고 현실적이다.

이 영화는 조영준 감독이 4~5년 전 우연히 보게 된 80대 노모와 50대 지적장애인 아들의 삶을 다룬 TV 다큐멘터리에서 시작되었다고 한다. 조감독은 "엄마가 아들에게 '너'로 인해 너무 행복하고 즐거웠다고 편지를 보내는데, 그 모습을 보고 꼭 한 번 영화로 옮기고 싶었다"고 연출 계기를 밝힌 바 있다. 이 다큐멘터리의 말미에 노모가 아들에게 남긴 "엄마랑 한날 한시에 꼭 같이 죽자"라는 메시지에서 그녀의 슬픔을 공감한 것이다. 여기서 비롯된 보호자의 사망 후 남겨진 발달장애인들의 삶에 대한 궁금증은 작품의 성격과 설정으로 자리 잡았고, 이내 꼼꼼한 자료조사와 인터뷰를 거듭한 끝에 〈채비〉의 시나리오를 완성하게 되었다고 한다(http://magazine2.movie.daum.net/movie/43604).

조감독은 시나리오 준비 과정에서 비장애인들이 알고 있는 것보다 훨씬 더 열악한 복지 제도와 처우에 대한 놀라움을 금치 못했다. 그리고 이러한 시스템 가운데 극 중 '인규'와 같은 발달장애인들이 스스로 독립해 사회 구성원으로 함께 살아갈 수 있도록 도와주는 자립 인큐베이팅 프로그램을 알게 되었고, 이를 많은 사람들에게도 알리기 위해 〈채비〉 주인공들의 삶을 만들어냈다고 한다.

혼자 남게 될 아들을 위해 애순이 처음 찾은 곳은 보호시설이다. 그러나 그동안 자신이 아들의 보호자로 곁을 지키겠다는 생각에서 보호시설에 대기신청을 하지 않았던 탓에 미신청자로 보호시설의 입소를 거절당한다. 다른 보호시설을 방문해보고 복지관을 찾던 애순은 열악한 시설 환경에 실망하며 다른 방법을 강구한다. 여기서 영화는 장애에 대한 사회적 지원의 실태를 고발하고 있지만, 그 이상의 가능성을 또한 보여준다. 애순은 그동안 많은 도움을 받았던 구청 사회복지과의 공무원인 박계장을 비롯하여 주변 사람들의 도움을 받아 현실적으로 가능한 아들의 독립 계획을 세우고 구체적으로 실천해가기에 이른다.

인규가 혼자서도 생활할 수 있도록, 밥상 차리기, 장보기, 빨래하기, 버스 타기, 빵집 일에 적응하기 등을 하나씩 가르쳐 나간다. 그러나 애순이 잠시 입원한 사이에 인규가 다시 예전 모습으로 돌아와 엄마에게 의지하려는 모습을 보이자, 애순은 인규에게 죽음이 무엇인지를 가르친다. 그리고 애순의 죽음이 얼마 남지 않았으며 앞으로는 엄마의 도움 없이 인규 스스로 생활해가야 한다는 것을 알려주기에 이른다. 이 영화는 장애인 당사자의 자립의지와 사회의 지원이 적절히 조화를 이루는 상황을 이렇게 냉정하고도 따뜻하게 보여준다.

이 영화에서는 또한 일반적인 장애인 가족의 모습이 잘 나타나고 있다. 서른 살의 신체 건장한 청년이지만 일곱 살 아이 같은 발달장애인 인규에게는 엄마의 관심과 배려가 절대적으로 필요하다. 이러한 장애아들을 돌보며 생계를 꾸려가는 것만으로도 애순에게는 충분히 삶이 버거울 수밖에 없다. 애순은 단순히 지고지순한 엄마라기보다는 행복해지고 싶은 욕심도 있고 억척스럽기도 한 여러 모습을 가진 우리네 엄마이지만, 눈앞의 현실을 헤쳐나가는 일 외에 달리 마음을 쓰고 눈길을 줄 여유가 없다. 그러한 상황을 너무 잘 이해하면서도, 자연히 그 과정에서 소외감을 느끼는 가족이 있게 된다. 인규의 누나 문경은 동생 돌보기에 바쁜 엄마로부터 충분한 관심과 사랑을 받지 못했다는 소외감을 갖고 있다. 매일 밥투정에 계란후라이와 군것질거리를 달고 살며 이런저런 사고치기에 바쁜 장애아들, 그 아들 뒷치닥거리에 눈코 뜰 새 없는 엄마, 동생 때문에 평생 뒷전으로 밀려나야만 했던 첫째 딸 등 캐릭터들의 현실적인 사연과 그 속에 담긴 삶의 애환은 실제로 공감할 수 있는 일상적인 이야기들이다. 큰딸 '문경'은 아들만 위하는 엄마의 등을 바라보며 살았던 상처와 서러움으로 엄마에게 따뜻한 말 한마디 못하던 딸"이며, "그럼에도 결국 엄마를 이해하기에 장례식에서 그토록 많이 울었을 것"이다. 이러한 가정 분위기는 발달장애를 비롯한 장애인 자녀가 있는 가정에서 일반적으로 볼 수 있는 현실이다.

'내가 떠난 뒤에 세상은 남들 보다 더딘 내 아이를 받아줄까', '나 없는 세상을 아이가 살아갈 수 있을까…', 극 중 애순이 인규에게 다른 어떤 것보다 혼자 밥 차려 먹는 연습을 시키는 이유도 그래서다. 밥, 국, 계란 후라이… 이 소박한 한 상이 인규에게는 몇 주의

훈련을 통해서 차려진 귀한 상이다(http://pub.chosun.com). 인규를 시설에 맡기고 떠나려다 차마 그러지 못해 발길을 돌리는 장면, 늘 엄마와 함께 올랐던 길고 높은 계단을 영화의 마지막에 인규 혼자 오르는 장면 등에서 보이는 복잡하지만 절제된 감정은 주인공의 뒷모습을 통해 화면의 적막함으로 나타난다.

영화가 다루고 있는 주제의 무게만큼 제작진들은 사전 제작 단계에서 더욱 큰 노력을 기울였다고 한다. 감독, 배우, 스태프들이 직접 장애복지재단인 '푸르메재단'을 방문해 봉사활동에 참여하고 그곳에 거주 중인 발달장애인들과 함께 생활을 한 것이다. 그렇기에 더욱 감동적인 공감을 전달할 수 있게 된 〈채비〉는 발달장애인들에 대한 대중의 인식을 확장시켜주는 의미 있는 영화로 자리잡게 되었다.

5. 나의 특별한 형제

장애인이 등장하는 영화에서는, 장애인이기에 선량하다거나 혹은 비뚤어지고 악하다거나, 장애인이지만 어떤 비범한 천재성을 지녔다거나 하는 등의 영화적 장치로서 설정된 장애인의 모습이 상당히 익숙하게 다가온다. 그런데 장애로 인한 차이를 과장하거나 왜곡해서 영화적 흥미로 변환시키고자 하는 이러한 태도에도 변화의 움직임이 나타나고 있다. 2019년 봄에 개봉한 〈나의 특별한 형제〉에 등장하는 인물들은 장애인이건 아니건 어느 정도는 선량하고 어느 정도는 불량한 살아있는 보통사람들의 모습에 가깝게 그려지고 있다.

오히려 이 영화에서는 장애 여부와 상관없는 삶의 일반적인 주제에 대한 질문을 던지며 그 질문에 대한 답을 찾아가는 우리 이웃들의 이야기를 보여주고자 한다. 그리 근엄해 보이지 않을 뿐 아니라 세속적으로도 보이는 박신부는 성스러운 온정의 태도로 장애인들에게 다가가는 성직자의 아우라는 없어 보이지만, '책임의 집'을 운영하며 삶을 포기하지 말라는 강력한 메시지를 전달하는 현실적인 인물이다. 박신부에게 의지하고 있던 지체장애인 세하와 지적장애인 봉구도 지극히 인간적인 면모로 그들의 일상을 보여주며 장애에 대한 일반적인 편견에 도전한다.

세하와 봉구라는 지체장애인과 지적장애인을 영화의 주인공으로 전면에 내세운 것은 이 영화가 기존의 장애인과 비장애인의 관계를 다룬 영화들에서 또 한 번 진일보한 점이다. 주인공인 두 장애인 중의 한 명인 세하는 척추 이상으로 목 아래로는 움직일 수 없는 지체장애인으로, 부모님이 돌아가시고 친척집을 전전하다가 '책임의 집'에 맡겨진 상태이다. 수영을 좋아하여 수영장에 버려졌던 5세 지능의 지적장애인 동구도 '책임의 집'에 기거하고 있던 중, 얻어맞고 있던 자신을 구해준 인연으로 인해, 세하의 휠체어를 자진해서 기꺼이 밀고 다닌다. 이렇게 서로에게 꼭 필요한 존재이자 '특별한 형제'로 그들은 20년째 '책임의 집'에 살고 있다.

그런데 이들의 보금자리인 '책임의 집'을 운영하던 박신부가 돌아가시고 모든 지원금이 끊기면서 이들은 급기야 시설을 철거한다는 최후통첩까지 받게 되는 절박한 상황에 봉착하게 된다. 이러한 상황에서도 이 영화는 여느 장애인 영화들과 달리, 그들의 사연을 안타까운 시선으로만 바라보지는 않는다. 이 재정난을 타개하고 '책임의 집'을 지키기 위해, 세하는 세간에서 흔히 볼 수 있는 잔꾀를 부리는 대책을 세우기도 한다. 봉사활동 인증서를 부정발급해주고 수익을 챙기는가 하면, 구청 수영장 알바생이자 취준생인 미현을 수영코치로 영입하고 동구를 수영대회에 출전시켜 사람들의 이목을 집중시키기는 수완을 발휘하기도 한다.

이 영화에서는 장애인과 장애인 주변의 인물들도 일방적으로 도움을 주고 받는 시혜자와 수혜자의 관계가 아니고, 서로 위로 받고 의지하며 도움을 주고 받는 친구의 관계로 그려진다. 세하와 동구를 둘러싸고 있는 인물들로서, '책임의 집' 박신부와 사회복지 공무원 송주사뿐 아니라 동구와 세하의 친구가 된 미현 역시 마찬가지다. 수영을 좋아하는 동구에게 선생님이 되어주고 세하의 휠체어를 밀어주기도 하지만, 이에 고마움을 느낀 세하의 보고서 덕분에 정규직 취직에 성공하는 등, 서로 부족한 부분을 채워주는 진정한 친구 사이이다. 또한 세하를 간병하는 복지사 청년은 스마트폰 화면에 정신이 팔린 채로 세하에게 밥을 떠먹여주느라 숟가락이 세하의 입으로 향하지 못하기도 하고, 손으로 미는 휠체어 대신 전동 휠체어를 권하는 등, 오로지 환자에게 헌신하는 비현실적인 인물이 아니다. 그렇다고 이 청년이 장애인을 꺼리는 인물이라거나 유난히 악한 것도 아니고, 간병인을 직업으로 하는 보통의 청년인 것이다.

지적장애인 동구의 모습에서도 현실적인 묘사가 돋보인다. 자신의 뜻대로 되지 않으면 머리를 때리면서 불만을 표시하고 형인 세하에게 대들기도 하고, 더구나 맛있는 라면을 먹을 때는 좋아하는 세하도 안중에 없다. 이러한 장면들은 과장 없이 그들의 일상적인 모습들을 전달하며 대중의 편견을 지우도록 한다. 신체적·정신적 능력이 부족해도 심성은 곱고 착하다는 식의 다소 위선적인 장애인식에 일침을 가하며 기존의 접근법을 배반하는 통쾌함을 안겨준다.

이렇게 이 영화에서는 자신의 당면한 삶의 문제들에 충실한 보통 사람들이 살아가는 모습을 제시하면서 장애인과 비장애인이 굳이 다를 것이 없음을 보여준다. 나아가 결국 '책임의 집'이 헐리고 그들도 서로 헤어져야 하는 상황에서 영화는 가족의 의미에 대한 질문을 던지며 인간탐구를 확장시킨다. 동구와 세하는 자립을 신청해놓은지라 일단 세하의 후배인 사회복지사의 집에 얹혀살게 되는데, 뜻밖에 동구 엄마 정순이 텔레비전에서 동구를 보고 찾아오게 된다. 어린 동구를 수영장에 놓고 사라졌던 정순이 뒤늦게 나타나 동구의 친권을 주장하는 장면이나, 결국 동구와 세하가 신청해두었던 장애인 임대아파트에서 함께 생활하게 되는 장면 등은 이미 관객에게 익숙한 듯하지만 시사하는 바가 크다. 진정한 가족이 반드시 혈연만은 아니라는 흔한 주제를 넘어, 세하가 입으로 조정할 수 있는 휠체어를 혼자 운전할 수 있게 된다거나, 동구와 세하가 임대아파트에서 함께 살 수 있게 되는 에피소드 등은 단순한 허구의 영화 이야기가 아니다. 우리 사회 장애인 복지의 현실을 구체적 사례로 보여주며 대중의 인식세계로 파고드는 미디어의 적극적인 기능을 십분 발휘하고 있다.

이 영화가 가지는 구체적인 힘은 지체 장애인 최승규씨와 지적 장애인 박종렬씨의 실화에서 출발한 영화라는 사실에서 비롯된다. 1996년 광주의 한 장애인공동체 '예수의 집'에서 처음 만나 별명이 '강력 접착제'였을 정도로 매일 붙어지낸 두 사람은 한 명은 머리가 되고 다른 한 명은 몸이 되어 부족한 것을 서로 채워주며 친형제나 다름없이 생활했다. 2002년에는 광주대 사회복지학과에 입학한 최승규씨를 위해 박종렬씨가 4년 동안 휠체어를 밀고 강의실을 함께 다니며 책장을 넘겨줬고, 그 도움으로 최승규 씨는 대학을 졸업하고 사회복지사 자격증을 취득해 세간의 관심을 받았다. 영화화를 논하기 위해 광주에서 제작팀과 만난 실존 인물들은 적극적인 태도로 아이디어를 내며, '장애인도 함께 세상을 살아가는 일원'이라는 메시지로 이 영화를 만들어달라고 부탁했다고 한다.

시나리오 개발 단계부터 노들 장애인 야간학교(노들야학), 일산사랑 장애인 자립센터 등 장애인 단체 관계자들에게 장애인들의 실생활을 비롯해 시나리오 세부 장면에 대한 지속적인 자문을 구했고, 편집 과정에서도 모니터링을 받아 최종본을 완성한 이 영화는 6년 여간의 개발과정을 거쳐 완성된 프로젝트였다(http://www.gjdream.com/v2/section/view.html).

이 영화가 전달하고자 하는 메시지의 힘만큼 영화적인 재미와 감동도 이에 비례한다. 영화 곳곳에서 터지는 유쾌한 웃음은 영화를 지루하지 않게 끌어가는 힘이 되고, 후반부 감동 코드가 자칫 신파로 흐르는 것을 막아주기도 한다. 다만 위기와 극복의 반복이라는 평범한 서사는 충분히 예측 가능하고, 영화의 결말 역시 이미 정해진 수순을 밟는 수준이기에 전개의 흥미진진함은 기대하기 어려운 것도 사실이다. 그럼에도 영화 말미 세하와 동구가 서로를 이해하게 되는 장면이 완성도를 한층 높이며, 내공 있는 배우들의 능숙한 연기로 표현된 낙폭 큰 감정 연기는 영화를 더 풍성하게 만든다. 특별한 기교를 부리지 않고 정직하게 밀고 나간 〈나의 특별한 형제〉는 그 안에 담긴 내용과 이를 담아낸 형식이 일치했고, 이에 영화의 목표를 명확하게 전달한 작품이 되었다(http://biz.heraldcorp.com/culture/view). 장애 여부와 관계없이 사람은 누구나 불완전한 존재이기에, 타인과 협력하는 관계 속에서 서로 윈-윈(win-win)하는 존재로 공존할 수 있음을 감동적인 메시지로 전달하게 된 것이다.

6. 배리어프리 영화

'배리어프리(barrier free)'는 건축에서 사용하기 시작한 용어로, '장벽(barrier)'으로부터 '자유로운(free)' 상태를 의미한다. 예를 들어, 계단 대신 경사로나 엘리베이터를 만들고 점자블록을 설치함으로써, 고령자나 장애인 등의 생활에 불편을 주는 물리적 장벽을 제거하여 모두의 편의를 도모하고자 하는 현대 건축설계의 한 방식이다.

그동안 영화문화로부터 소외되어 있던 시·청각 장애인들을 위해, 영화에 이러한 배리어프리 개념을 적용한 것이 '배리어프리 영화'이다. 청각 장애인을 위한 자막과 시각 장애인을 위한 음성 해설이 들어가 있어서, 영상과 소리로 이루어진 영화를 즐기지 못하는 사람들도 함께 즐길 수 있도록 하여, 문화 사각지대를 해소하고자 만들어진 영화이다. 즉, 기존의 영화에다가 시각장애인을 위해 화면을 음성으로 설명해주는 화면해설을 추가 삽입하고, 청각장애인을 위해 화자 및 대사, 음악, 소리정보를 알려주는 한글자막을 영상에 넣어서, 장애와 상관없이 누구나 함께 즐길 수 있도록 만든 영화이다.

그런데 이러한 배리어프리 영화는 시각·청각장애인만을 위한 영화는 아니다. 배리어프리 영화는 장애를 넘어서 사실상 모든 사람들이 다 함께 영화를 즐기자는 취지의 영화이다. 즉, 화면해설과 한글자막을 통해서 다문화가정이나 노약자 및 어린이까지 다양한 문화소외 계층들도 다함께 즐길 수 있는 영화인 것이다. 나아가 배리어프리 영화는 풍성한 자막과 함께 화면해설 음성이 생동감 있게 전달됨으로써, 장애인과 비장애인 모두 장벽 없이 영화를 즐길 수 있게 해주는 영화이자, 일반인도 눈으로 보고 귀로 듣는 것 이상의 감동을 얻을 수 있는 새로운 형태의 영화라고 할 수 있다.

우리나라에서는 현재 한국영화 흥행작과 애니메이션 및 다양한 외화들이 배리어프리 영화로 제작되고 있다. 특히 '배리어프리 영화 위원회'는 〈변호인〉, 〈7번방의 선물〉, 〈더 테러 라이브〉, 〈도둑들〉, 〈블라인드〉, 〈마당을 나온 암탉〉, 〈완득이〉 등의 한국영화와 함께,

〈어네스트와 셀레스틴〉, 〈엔딩 노트〉, 〈모모와 다락방의 수상한 요괴들〉, 〈위 캔 두 댓!〉, 〈천국의 속삭임〉, 〈터치 오브라이트〉 등 다양한 장르의 외화들을 배리어프리 버전으로 제작하는 활발한 활동을 벌이고 있다. 사회적기업인 배리어프리 영화위원회(Korean Barrier Free Films Committee)는 배리어프리 영화의 제작, 상영, 배급을 통해 시·청각장애인, 노인, 다문화 가정의 영화문화 향유의 질적 발전에 기여하고, 취약계층의 일자리 및 사회서비스 제공을 통하여 삶의 질 향상에 기여함을 목적으로 2012년에 설립된 비영리 사단법인이다. 전문 영화인들로 구성된 이 위원회는 국내 최초로 일본영화 〈마이 백 페이지〉와 한국영화 〈달팽이의 별〉을 일반 버전과 배리어프리 버전으로 동시에 개봉시켜, 배리어프리 영화의 대중화에 앞장서기도 하였다. 이 위원회는 창작자인 감독이 직접 제작에 참여하고 시각·청각장애인 모니터 및 전담 제작팀을 구성하여 전문적이며 입체적이고 깊이 있는 배리어프리 영화를 완성한다. 또한 전문 배우와 성우의 음성해설로 영화가 지닌 풍부한 감정과 주제를 장애인 관객들도 그대로 느낄 수 있도록 하는 것을 목표로 하고 있다(http://biz.heraldcorp.com/culture/view).

장애인을 비롯한 문화 소외 계층의 영화 관람을 위한 환경을 만들기 위해, '장애와 상관없이 모두 다 함께 즐기는 영화축제'라는 슬로건으로 2011년에는 배리어프리 영화제도 발족하게 되어 지금까지 계속되고 있다. 그동안 배리어프리 영화에 대한 관심과 발전도 꾸준히 이루어져서, 많은 유명배우들이 재능기부로 나서 화면해설에 참여했고. 그동안 부족했던 흥행 영화의 배리어프리 버전이 제작되기도 하였다.

현재 우리나라에서는 서울역사박물관에서 2015년부터 '서울역사박물관 토요 배리어프리 영화관'을 정기적으로 운영하고 있으며, 장애인의 날 기념 상영회, 서울시 우리마을 소극장 등 여러 형태의 상영회를 매년 꾸준히 개최하고 있다. 매년 11월에는 한국영상자료원과 함께 '서울 배리어프리 영화제'를 열어 1년 동안 제작·상영된 배리어프리 영화를 엄선하여 무료로 상영하기도 한다.

전반적인 사회 발전에 병행하여 장애에 대한 인식도 점차 개선되어가고 있음을 곳곳에서 확인할 수 있다. 장애와 관계없이 누구나 영화를 감상하고 여가를 즐기며 문화생활을 향유할 수 있도록 환경을 조성하고자 하는 노력이 다각적으로 자연스럽게 이루어지고 있는 현실이 이를 방증한다. 유명 예술인과 영화인들도 자천타천으로 배리어프리 영화의 홍보대사로 기꺼이 나서고 이를 보람으로 여기기도 한다. 이러한 일련의 움직임들은 결코 일시적인 현상이 아닌 지속적 흐름의 단면들로 기록될 것으로 보인다.

V

현상과 전망

장애 다시 읽기

장애학과 특수교육학의 만남

이제 한국에서도 특수교육학자들이 장애학에 관심을 기울이는 현상이 가시화되고 있다. 특수교육이 더 이상 특수하게 인식되지 않고, 통합교육이 진정한 통합을 이룰 수 있도록 하기 위해서는, 인문학적 기반에서의 장애 재개념화와 장애담론 확장이라는 시대적 과제가 절실하기 때문이다. 특수교육학자인 박승희(2016: 9)는 장애학 입문서의 번역본을 내면서 역자 서문을 통해, "장애학은 장애를 사회적, 문화적 및 정치적 현상으로 이해하는 간학문적 분야로서 인문학적 기초에서 장애를 이해하고자 한다"고 명시하고 있다.

장애학과 특수교육학은 서로 상호보완적인 위치에 있으면서도 또한 본질적인 차이도 안고 있다. 앞서도 언급했듯이, 특수교육학을 비롯한 재활학이나 사회복지학 등은 장애인을 대상으로 한 교육과 복지 등의 사후적 지원 방식으로 접근해가는 한편, 장애학은 근본적으로 장애인을 대상화하려 하지 않는 학문이라는 점에서 출발점이 다르다. 장애인을 유형과 정도에 따라 분류하고 그들을 위해 각각 무엇을 해줄 것인지를 연구하는 특수교육학과 달리, 장애학은 장애와 관련된 보다 본질적인 문제를 다차원적으로 구명하고자 한다.

따라서 장애학 연구에서는 인문학적 분야의 예술, 문학, 영화, 법학, 철학 등과, 사회학적 분야의 사회학, 여성학, 특수교육학, 인류학, 사회복지학 등의 다양한 분야를 아우르는 다각적인 연구들을 포괄하게 된다. 특히 장애학은 여성학과 같이 사회적 억압에 대한 저항과 그것을 구체화할 수 있는 소통과 협력에 초점을 맞춤으로써, 여성학의 장애버전이라고까지 소개되기도 한다(박승희, 2016: 10 참조).

대표적인 장애학자 중의 한 사람인 Shakespeare(1994)도 장애 이론과 관련한 논쟁이 페미니즘 논쟁과 유사한 배경을 가지고 있음을 지적한다. 그는 장애를 수많은 요소로 구성된 복잡한 과정으로 구명하면서, 이 과정에서 문화의 의미와 역할은 자율적이면서도 결정적이라는 점을 지적한다. 근래에 들어 장애라는 조건의 수용에 있어서도, 보편적인 인간 조건으로서의 차이의 개념이 적용되고 있다. 탈중심의 차이의 미학을 적극적으로 설파한 '성의 정치학'이 성공적으로 페미니즘에 기여한 것처럼, 또한 탈식민주의 담론이 인종과 문화권의 이분법적 경계를 해체하는 지적 과업을 효과적으로 활성화하였듯이, 장애 연구에 있어서도 권력에 편승한 일방적인 식민 담론을 해체하고 억압적 기표를 해방시켜 무수한 기의의 확산과 해방을 가져오는 문화적 담론이 한층 요구되는 시점에 와 있다.

이러한 맥락에서 문학이나 연극 등을 포함한 다양한 문화예술 매체들은 장애에 대한 인식과 장애인의 정체성에 대한 다층적인 이해를 열어주는 가능성의 공간으로 훌륭한 역할을 할 수 있다. Silvers(2000)는, 장애가 있는 몸과 마음을 심미적으로 보는 법을 예술로부터 배움으로써, 아름다움의 이상을 보다 확장시켜야 한다는 주장을 제기하여 신선한 논란을 불러일으킨 바 있다. 정형화된 이미지를 해체한 심미적 판타지를 장애학의 맥락에서 해석하고자 하면서, 이를 사고의 실험(thought experiment)이라고 지칭한 Siebers(2002)의 논의도, 사실상 장애의 미학을 추구하는 것이라 할 수 있다. Gabel(2005)이 설파하듯이, 장애의 미학(Aesthetic of Disability)은 억압적인 사회 현실에 맞서 그 현실을 해방시키는 전복적 담론이다.

그런데 우리가 기존의 제도를 비판하는 것은 우리가 물려받은 언어 안에서만 가능한 일이다. 그리고 언어라는 것은 전통적인 개념과 범주에 의해 미리 작업되어 있는 그런 담론인 것이다. 이러한 상황에서 우리에게 필요한 작업은 내적인 거리를 유지하고 '낯설게 하기'의 효과를 높여서 이들 개념이 일상적인 사고의 습관으로 전락하지 않도록 예방하는 것이다. 이러한 Derrida의 철학을 장애 담론에 접목시켜 생각해보는 것은 '장애' 관련 연구자들에게는 너무나 자연스럽고 당연한 일이 된다. 현대를 살아가는 우리는 '장애'라는 말이 지니는 전통적인 고정관념으로부터 내적인 거리를 유지하고 낯설게 하기의 효과를 높여서, 장애의 개념에 대한 관습적 통념에 젖어들지 않도록 예방할 필요가 있는 것이다.

이러한 인문학적 기반의 인식은 자연스럽고 효과적인 방식으로 현대 특수교육이 지향하는 완전통합교육과 나아가 전 장애인의 사회적 통합을 구현하는 일에 공헌할 수 있다. Winzer(1994)는 특수교육과 일반 교육의 완전통합을 예견하면서 장애와 비장애라는 이분법적 관점의 소멸을 전망한 바 있다(김병하, 조원일, 2005 재인용). 포스트 모더니즘 시대의 해체는 여성과 남성, 동양과 서양, 흑인과 백인, 고급문화와 대중문화 등의 대칭 구도에 대한 집중적인 조명으로부터, 이제 장애와 비장애라는 오랜 이분법적 경계에 초점이 맞추어지고 있는 것으로 보인다.

현대 특수교육의 지향점인 통합의 이념적 모태였던 정상화 이론을 미국적 이론으로 재정립한 것이 사회적 역할 가치화 이론이다. Wolfensberger(2002)는 사회적 역할 가치화가 일반적인 역량강화 이데올로기와 가장 다른 점으로, 역량강화가 갈등 모델에 의존하는 데 반해, 사회적 역할 가치화는 교육적인 설득의 전략에 의존하는 점이라고 밝히고 있다. 또한 Kendrick(1994)은 어떤 열매, 즉 어떤 결실을 얼마나 맺느냐로 나무를 판단하듯이, 사회적 역할 가치화의 순환적 유익 효과를 논한다면, 그것은 양심과 의식의 고양 효과라고 설파한 바 있다. 인간은 불완전한 존재여서 성스러운 성향과 영웅적인 성향도 가질 수 있지만 동시에 악마와도 같은 존재일 수도 있는데, 사회적 역할 가치화의 이행은 이러한 인간의 본성에 대한 숙고를 수반함으로써 무한한 가치를 창출할 수 있다는 것이다. 이러한 추상적 가치는 실증주의적인 유목화를 통하여 확대 재생산되는 것 못지않게, 대중적 인식에 파급 효과가 높은 문화적 재현을 통해 공감에 호소하는 방식으로 깊고 큰 파장을 이어갈 수 있다.

장애인의 삶에서 그를 둘러싼 '보통사람들'의 중요성은 아무리 강조해도 지나치지 않다(Gray, 2001). 사회적 역할 가치화가 이루어졌을 때 장애 등의 차별적 불리는 실제적으로 존재하지 않는 개념이 될 수 있지만, 그러한 사회적·시민적 차원의 지원이나 역량강화가 미비한 상황에서는 장애인을 포함한 사회적 타자 집단의 자기결정권이 공허한 개념으로 남을 수 있다. 이러한 차원에서 자기결정의 실현과 사회적 역할 가치화는 서로 불가분의 관계에 놓이게 된다. 획일적인 지배 담론을 해체하는 인권 차원의 자기결정권 행사는 사회적 역할 가치화와 접점을 이루며 선순환을 이루는 관계가 된다.

특수교육 분야에서 자기결정과 관련한 연구가 활발히 이루어지고 인본주의적인 장애 재개념화의 움직임과, 법적·제도적 장치의 보완을 통한 장애 차별 철폐가 현실로 나타나고 있는 시대적 흐름이 특수교육 내외의 상황을 크게 진전시키고 있음은 분명한 사실이다. 그런데도 한편으로는, 성인기 이후의 삶의 질 향상 차원에서 장애 청소년들을 위한 준비는 여전히 미비함으로 인해, 특수교육의 성과를 확인하기 어려운 현실은 자기결정력의 신장이라는 과제를 더욱 절감하게 하면서, 특수교육 요구학생들의 자기결정기술 촉진을 위한 교육 프로그램의 개발과 실천 중심으로 많은 연구들이 이루어지고 있음을 볼 수 있다. 그런데 이렇게 교육을 통해 향상된 자기결정력이 사회적으로 원만히 실현되는 것은 개인적 차원 이상의 맥락적 요인과 직결된다. 자기결정권의 행사는 사회적 맥락을 전제로 하는 것으로서, 사회적 관계 속에서 자기결정이 긍정적으로 이행되도록 사회적·환경적 지원을 고려하지 않으면 안된다.

시대정신의 변천은 역사적으로 소외되고 경시되어온 약자 집단의 사회적 위상과 권익 확보에 큰 물꼬를 터주었고, 이러한 변화를 가속화하는 문화적 담론의 확장과 재생산은 이 시대의 소리 없는 혁명과도 같이 진행되고 있다. 르네상스의 인본주의에 이어 17세기 말 영국의 명예혁명, 미국의 독립과 프랑스혁명 등으로 이어진 '혁명적' 역사를 통해 인류는 인간이자 시민으로서의 기본권을 확립하고 인간다운 삶의 질을 확보하고자 노력하면서 오늘에 이르렀다. 현대로 오면서도 줄기차게 인권 확립의 연장선상에서 그동안 상대적으로 소외되었거나 경시되었던 집단이나 문제 등에 관련한 권익을 옹호하는 움직임이 이어져왔고 사안에 따라서는 가속화된 움직임으로 변혁에 가까운 사회적 파급 효과를 내기도 하였다. 페미니즘이나 인종 문제와 관련한 권리를 주장하는 목소리가 높아진 것은 대표적인 예가 될 수 있는 것으로, 이러한 운동들은 나름대로 소기의 성과를 이루었으며 지금도 진행 중인 미완의 과제이다. 특히 포스트모던 시대의 다양성과 차이의 미학에 대한 인식의 확산은, 전통적 의미의 국외자나 타자 집단의 정체성을 새롭게 정립하는 문화적 담론의 토대를 제공하였다. 이러한 터에 장애학이 또 하나의 학제적 관심 연구 분야로 부상한 것도 자연스러운 시대정신의 구현이자 필연적인 역사적 흐름의 한 예라고 할 수 있다.

장애학의 출발은 장애의 사회적 모델이었지만 점차 문화적 모델로 중심이 이동하고 강화되는 현상이 뚜렷해지고 있다. 이러한 움직임을 선도해가고 있는 대표적인 학자인 Mitchell과 Snyder(2001)는 육체적·정신적 차이를 열등함의 근거로 간주하려는 모든 문화적 신념과 태도의 본질을 드러내보이고 그에 대한 대안을 추구하고자 하는 것이 장애학이라고 주장한다. 나아가 최근 장애학 연구의 동향에서 두드러지는 것이 바로 장애학의 시각으로 문학 읽기와 문화 비평적 담론을 추구하고 확장하는 보다 진일보한 학술활동이 활발하게 일어나고 있다(*Journal of Literary & Cultural Disability Studies* 등 참조)는 점이다.

예술 매체의 부드러운 전복성은 복잡하고 첨예한 사회적 주제에 대한 문화적 아방가르드의 역할로부터 파생된다. 장애라는 시대적 화두에 대한 성공적인 재현의 미학은 곧 장애의 미학에 이르는 것이며, 이는 다시 진정한 의미의 사회적 통합을 위한 반석으로 기능하게 된다. 예술 작품을 포함한 현대의 다양한 문화 텍스트들은 시민사회 의식의 가늠자이면서 동시에 의식의 방향을 설정하는 문화적 담론의 장이 된다. 이러한 문화 텍스트를 통한 장애 담론의 활성화가 장애 개념의 전향적 정립에 기여할 수 있는 여지는 많다. 21세기 지성의 중심 과제는 대중 속의 주역이 되어 지식의 민주화를 제고하는 것이라는 주장이 있다. 지난 시대에 대학의 지성이 시민사회의 형성에 주된 역할을 했다면, 이 시대에 요구되는 과제는 시민사회의 기술적·문화적 형식을 개발하는 일이라는 것이다(Delanty,

2001). Abberley(2002)의 주장처럼, 순수한 기술적 담론(self-styled 'purely' descriptive)이건 정치적(political) 담론이건 학문적 경계를 아우르는 장애담론의 활성화가 장애 개념의 재정립을 통한 자기결정권의 확립과 사회통합에 기여할 것은 분명하다.

어떤 개인이나 집단의 역할과 위상에 부여되는 가치와 이미지를 향상시키는 것은, 훼손된 자아와 침식된 이미지를 극복하고 긍정적 정체성을 형성하는 것과 연결고리를 이룬다. 아울러 그 가치와 이미지를 만들어내고 있는 사회적 지배 담론을 파악하고 새로운 문화적 구조와 질서를 창출할 수 있는 대응 담론을 확장시켜감으로써, 주변과 중심의 경계를 해체할 수 있다. 현대의 대중에게 심층적인 영향력을 행사하는 문화예술의 장에서 이루어지는 자연스러운 피드백 메커니즘은, 기존의 타자 집단에 대한 고정관념화된 이분법적 해석의 틀을 해체하고 새로운 이미지 창출과 새로운 해석의 여지를 여는 긍정적인 상호작용으로 작동할 수 있다.

Said(1995: 29)는 문화적 정체성의 형성을 본질적인 차원에서가 아닌 대위법적 앙상블로 보면서, 희랍인들은 늘 야만인들을 필요로 했고, 유럽인들은 아프리카인과 동양인들을 필요로 했음을 지적한 바 있다. 이러한 대위법은 곧 권력 담론의 형성을 위한 구도였을 뿐, 사실상 실재하지 않는 허구였음을 의미하는 것이다. '비역사화된 (dehistoricized) 사람들 — 여성, 원주민, 피식민인 등의 타자들 — 의 희생을 대가로 한 빈약한 서사로서의 역사'(Bhabha, 1995)는 이제 이분법의 해체와 통합의 문화로 편입되어 새로운 '거대 서사'로 대체되어 가고 있다. 장애 문제와 관련하여서도, 대위법적 구도 위에 이루어진 그간의 지배 담론은 이제 문화적 인프라로서의 장애 재개념화를 향한 해체의 과정에 놓여 있다. 인간의 정체성은 불변의 고정된 하나는 아니다. 오히려 정체성은 복수적(plural)이기도 하고 또한 변화하기 쉬운 것이기도 하다. 인간 의식의 이러한 본질은 개인의 현상이라기보다 집단 현상이며 한 사회 구성체의 문화 지평을 이루는 이데올로기적 담론들과 주체가 서로 작용한 결과이다. 이러한 차원에서 그동안 주변에 잠재해 있던 장애 담론의 가시적 확장과 활성화는 장애인을 포함하는 통합의 역사를 새로 쓰기 위한 필수적인 작업이라 할 수 있다.

참고문헌

강수정 역(2019). **손으로 말하고 슬퍼하고 사랑하고**. 리아 헤이거 코헨 지음. 서울: 한울림스페셜.

교육인적자원부(2005). 2005년도 **특수교육 운영계획**. 서울: 저자.

김병하(2000). 특수교육에서 질적 연구: 문제의식과 실천 과제. **교육 인류 학소식, 6**(4), 3-6.

김병하(2003). 특수교육에서 좋은 논문 쓰기. **BK21 소식지, 5**, 1.

김병하(2005). 장애인 당사자주의의 특수교육(학)적 함의. **특수교육학연 구, 40**(1), 1-22.

김병하, 조원일(2005). 한국에서 통합교육의 정책적 지향과 실천 과제: 비 교사적 관점에서. **특수교육저널: 이론과 실천, 6**(4), 37-53.

김병하(2006). **특수교육의 역사와 철학**. 대구: 대구대학교 출판부.

김영목(2006). 심미적 기억과 연극. **뷔히너와 현대문학 26**, 63-92.

김영철(2003). 질적 교육연구에 있어서 방법주의와 개념주의 비판: 가다 머의 입장에서. **교육인류학연구, 6**(1), 75-96.

김정권, 김혜경(2000). 발달지체인의 자기결정: 교육적 접근과 가족 참여. **특수교육연구, 7**, 3-26.

김정권, 김혜경(2001). 자기결정 이론과 모형에 대한 비판. **특수교육저널: 이론과 실천, 2**(1), 1-24.

류미례(2015). 미디어에 등장하는 장애의 의미와 교육학적 활용: 장애코드로 미디어를 읽는다는 것. **장애학으로 보는 문화와 사회,** 53-71. 한국장애학회 편저. 서울: 학지사.

박경숙(2000). 특수교육과 질적 연구. **교육인류학소식, 6**(4), 1-2.

박승희(2003). 장애개념화의 진전이 장애인 지원 구축에 지니는 함의. **제8회 이화특수교육학술대회 발표논문집,** 3-42.

박승희, 우충완, 박지연, 김원영 역(2016). **장애란 무엇인가? 장애학 입문.** R. J. Berger(2013). *Introducing Disability Studies.* Lynne Rienner Publisher. 서울: 학지사.

유혜령(2006). 포스트(Post-) 시대의 질적 연구. **교육인류학소식, 12**(1), 2-8.

윤삼호 역(2006). **장애학: 과거·현재·미래.** L. Barton & M. Oliver. (1997). *Disability Studies: Past, Present and Future.* 대구: 대구 DPI.

윤삼호 역(2006). **장애화의 정치.** M. Oliver. (1990). *The Politics of Disablement.* 대구: 대구 DPI.

이규현 역(2012). **말과 사물.** M. Foucault. (1966). *Les Mots et les Choses.* Gallimard. 서울: 민음사.

이남복(1996). **연극사회학.** 서울: 현대미학사.

이정우 역(1993). **담론의 질서.** M. Foucault. (1971). *L'ordre du discours.* Gallimard. 서울: 도서출판 새길.

이종인 역(1999). **데리다.** C. Norris. *Derrida*(1987). 서울: 시공사.

전지혜(2005). 장애학의 세계. **두레연구원논문 51.**

조용환(2003). **질적 연구: 방법과 사례.** 서울: 교육과학사.

조한진(2006). 장애학 낯설게 읽기. **VOICE, 17-18호.**

최재천, 장대익 역(2005). **통섭: 지식의 대통합**. E. Wilson. *Consilience: The Unity of Knowledge*(1998), 서울: 사이언스북스

Abberley, P. (2002). Work, disability and european social theory. In C. Barnes, M. Oliver, & L. Barton (Eds.), *Disability Studies Today* (pp. 20-138). Cambridge: Polity Press.

Agran, M. (2006). Self-determination: Achieving a say-do correspondence. *TASH Connections, 32*(5/6).

Agran, M., & Hughes, C. (2006). Introduction to special issue: Self-determination reexamined: How far have we come? *Research and Practice for Persons with Severe Disabilities, 30*, 105-107.

Almansi, G. (1981). Harold Pinter's idiom of lies. In M. Bradbury & D. Parlmer (Eds.), *Stratford-Upon-Avon Studies 19: Contemporary English Drama*. London: Edward Arnold, 79-94.

Antonio, R. J. (1989). The normative foundations emancipatory theory: Evolutionary versus pragmatic perspectives. *American Journal of Sociology, 94*(4), 721-748.

Aubury, T., & Myner, J. (1996). "Community integration and quality of life: A comparison of persons with psychiatric disabilities in housing programs and community residents who are neighbors." *Canadian Journal of Community Mental Health, 15,* 5-20.

Barnes, C. (1996). Theories of disability and the origins of the oppression of disabled people in western society. In L. Barton (Ed.), *Disability and Society,* 43-60.

Barnes, C., Oliver, M., & Barton, L. (2002). *Disability Studies Today.* Cambridge:

Polity Press.

Barone, T. & Eisner E. (2006). Art-based educational research. In J. Green, G. Camolli, P. Elmore, A. Skukauskaite, & E. Grace (Eds.), *Handbook of Complementary Methods in Education Research* (pp. 95-106). Mahwah, NJ: Lawrence Erlbaum Associates.

Beckett, S. (1954). *Waiting for Godot*. NY: Grove Press.

Bernstein, R. J. (1983). *Beyond Objectivism and Relativism: Science, Hermeneutics, and Praxis*. Philadelphia: University of Pennsylvania Press.

Bhabha, H. K. (1994). *The Location of Culture*. London: Routledge.

Bhabha, H. K. (1995). In a spirit of calm violence. In G. Prakash (Ed.), *After Colonialism: Imperial Histories and Postcolonial Displacements* (pp. 326-643). Princeton: Princeton University Press.

Bigsby, E. (1984). *Critical Introduction to Twentieth-Century American Drama*, vol. 2. Cambridge University Press.

Billington, M. (1996). *The Life and Work of Harold Pinter*. London: Faber and Faber.

Bloland, G. (1995). Postmodernism and Higher Education. *Journal of Higher Education, 66*, 521-559.

Bowie, M. (1991). *Lacan*. London: Harper Collins Publishers.

Bowman, P. & Weinkauf, T. (2006). Thompson/okanagan local action coalition is pleased to present: Social Role Valorization Workshop. BC: Kelowna.

Brown, I. (2007). What is meant by intellectual and developmental disabilities? In I. Brown & M. Percy (Eds.) *A Comprehensive Guide to Intellectual and Developmental Disabilities*. (pp. 3-15). Baltimore: Paul H. Brookes.

Brown, H. & Smith, H. (1992). *Normalization: A Reader for the Nineties*. London: Routledge.

Chamberlin, J. (1990). The ex-patients' movement: Where we've been and where we're going. *The Journal of Mind and Behavior, 11*(3), 323-336.

Connor, D. J., Gabel, S. L., Gallagher, D. J., & Morton, M. (2009). Disability studies and inclusive education: Implications for theory, research, and practice. *International Journal of Inclusive Education, 12*(5), 441-457.

Cox, R. H. (1998). The consequences of welfare reform: how conceptions of social rights are changing. *Journal of Social Policy, 27*(1), 1-16.

Creswell, T. (2004). *Place a Short Introduction*. Oxford: Blackwell.

Deci, E. L., & Ryan, R. M. (1985). *Intrinsic Motivation and Self-Determination in Human Behavior*. NY: Plenum.

Delanty, G. (2001). *Challenging Knowledge: The University in the Knowledge Society*. Buckingham: Open University Press.

Denzin, N. (1994). The art and politics of interpretation. In N. Denzin & Y. Lincoln (Eds.), *Handbook of Qualitative Research*. (pp. 500-551). London: Sage Publications.

Denzin, N. & Lincoln, Y. (1994). Introduction: entering the field of qualitative research. In N. Denzin & Y. Lincoln (Eds.), *Handbook of Qualitative Research*. (1-19). London: Sage Publications.

Derrida, J. (1972). *Positions*. Trans. A. Bass. (1981). London: Athlone Press.

Derrida, J. (1982). The times of a thesis: Punctuations. A. Montefiore (Ed.), *Philosophy in France Today*. Cambridge University Press.

Denzin, N. & Lincoln, Y. (1998). *Strategies of Qualitative Inquiry*. Sage

Publications.

Diamond, E. (1985). *Pinter's Comic Play*. NJ: Associated University Press.

Dukore, B. (1982). Harold Pinter. London: Macmillan.

Dutton, R. (1986). *Modern Tragicomedy and the British Tradition*, Sussex: Harvester Press.

Esslin. M. (1973). *Pinter: A Study of His Plays*. NY: W. W. Norton.

Esslin, M. (1984). *Pinter: The Playwright*. NY: Methuen.

Estes, W. K. (1996). *Classification and Cognition*. New York: Oxford University Press.

Evans, G. (1977). *The Language of Modern Drama*. Totowa: Rowman and Littlefield.

Farb, P. (1979). *Word play: What Happens When People Talk*. NY: Alfred Knopf.

Finter, H. (1983). Experimental theatre and semiology of theatre: The theatricalization of Voice. In E. A. Walker & Kathryn Grardal (Trans.). *Modern Drama, 26*, 501-517.

Fuegi, J. (1986). The uncertainty principle and pinter's modern drama. In S. Gale (Ed.), *Harold Pinter: Critical Approaches.* (pp. 202-207). London: Associated University Press.

Field, S., Martin, J., Miller, R., Ward, M., & Wehmeyer, M. (1998). Self-determination for persons with disabilities: A position statement of the division on career development and transition. *Career Development for Exceptional Individuals, 21*(2), 113-128.

Flynn, R. J. & Lemay, R. A. (1999). *A Quarter Century of Normalization and Social Role Valorization, Evolution and Impact.* Ottawa: University of Ottawa Press.

Foucault, M. (1973). *Madness and Civilization: A History of Insanity in the Age of Reason.* New York: Vintage Books.

Foucault, M. (1979). *Discipline and Punish: The Birth of the Prison.* NY: Vintage Books.

Freire, P. (1997). *Education for critical Consciousness.* New York: Continuum.

Fujiura, G. T. (2013). The demarcation of intellectual disability. *Intellectual and Developmental Disabilities, 51*, 83-85.

Gabbard, P. (1976). *The Dream Structures of Pinter's Plays: A Psychoanalytic Approach.* NJ: Associated University Press.

Gabel, S. (1997). *A Theory of an Aeathetic of Disability.* Michigan State University Ph.D. Dissertation.

Gabel, S. & Peters, S. (2004). Presage of a paradigm shift? Beyond the social model of disability toward resistance theories of disability. *Disability Society, 19*(6), 85-600.

Gabel, S. L. (2005). An aesthetic of disability. In S Gabel. (Ed.), *Disability Studies in Education.* (pp. 21-36). New York: Peter Lang.

Gabel, S. L., Cohen, C. J., Kotel, K., & Pearson, H. (2013). Intellectual disability and space: Critical Narratives of exclusion. *Intellectual and Developmental Disabilities, 51*, 74-80.

Gillen, F. (1984). Harold Pinter's *The Birthday Party*: Menace reconsidered. In S. Gale (Ed.). *Harold Pinter: Critical Approach.* London and Toronto: Associated University Press.

Giroux, H. A. (1991). *Postmodernism, Feminism, and Cultural Politics*. NY: State University of New York Press.

Giroux, H. (1992). *Border Crossings: Cultural Workers and the Politics of Education*. New York: Routledge.

Glesson, B. J. (1996). A geography of disabled people? *Transactions of the Institute of British Geographers, 21*(2), 387-396.

Goffman, E. (1961). *Asylums: Essays on the Social Situation of Mental Patients and Other Inmates*. New York: Doubleday.

Goffman, E. (1963). *Stigma: Notes on the Management of a Spoiled identity*. Englewood Cliffs, NJ: Prentice-Hall.

Gordon, L. (1969). *Stratagems to Uncover Nakedness: The Dramas of Harold Pinter*. Columbia: University of Missouri Press.

Graham, L. J., & Slee, R. (2008). Inclusion? In S. L. Gabel & S. Danforth (Eds.), *Disability and the Politics of Education: An American Reader* (pp. 81-100). New York: Peter Lang.

Gramsci, A. (1994). Hegemony, intellectuals and the state. In John Storey. (Ed.), *Cultural Theory and Popular Culture*. NY: Harvester.

Gray, B. (2001). A quarter-century of normalization and social role valorization: Evolution and impact. *The British Journal of Developmental Disabilities, 47*(2), 113-117.

Guba, E. & Lincoln, Y. (1994). Competing paradigms in qualitative research. In N. Denzin & Y. Lincoln (Eds.), *Handbook of Qualitative Research* (pp. 105-117). London: Sage Publications.

Hassan, I. (1987). Pluralism in postmodern perspective. In M. Calinescu &

D. Fokkema (Eds.). *Exploring Postmodernism* (pp. 17-39). PA: Benjamins.

Heaney, S. (1990). *The cure at troy*. London: Faber and Faber.

Heshusius, L. (1991). Education: What shall students take from it, to invent their futures? From the machine metaphor to new paradigm thinking. Paper presented at the Culverhouse Conference, The New Paradigms and Education. University of South Florida, Tampa.

Howell, M. & Ford, P. (2006). *The True History of Elephant Man: The Definitive Account of the Tragic and Extraordinary Life of Joseph Carey Merrick*. London: Allison & Busby.

http://biz.heraldcorp.com/culture/view.

https://bridgenews.tistory.com/2678.

http://www.gjdream.com/v2/section/view.html.

https://humanarchive.tistory.com.

http://magazine2.movie.daum.net/movie/43604.

https://www.ourvoice.or.kr.

http://pub.chosun.com.

https://ko.wikipedia.org/wiki.

Hornecker, E. (2005). *Setting and Place: Seeming the Stage for Social Interaction*. http://www.informatics.sussex.ac.uk.

Hutcheon, L. (1985). *The theory of Parody: The Teachings of Twentieth-Century Art Form*. London: Methuen.

Jenkins, R. (1998). Culture, classification and (in)competence. In R. Jenkins (Ed.), *Questions of Competence: Culture, Classification, and Intellectual Disability* (pp. 1-24). Cambridge: Cambridge University Press.

Jenks, C. (1993). *Culture*. London: Routledge.

Kane, L. (1993). *The Caretaker*. In F. Gillen & S. H. Gale (Eds.), *The Pinter Review: Annual Essays 1992-93* (pp. 80-82). Tampa: University of Tampa Press.

Keith, M. & Pile, M. (1993). *Place and the Politics of Identity*. New York: Routledge.

Kendrick, M. (1994). Some reasons why social role valorization is important. *The International Social Role Valorization Journal, 1*(1), 14-18.

Kitchen, R. (1998). Out of place, knowing one's place: Space, power, and the exclusion of disabled people. *Disability and Society, 13*(3), 343-356.

Kuhn, Thomas S. (1970). *The Structure of Scientific Revolutions*. Chicago: The University of Chicago Press.

Lacan, J. (1977). *Ecrits: A Selection*. A. Sheridan (Trans.). NY: W. W. Norton.

Larson, J. L. (1983). "The elephant man as dramatic parable." *Modern Drama, 26*(3), 335-356.

Lefebvre, H. (1991). *The Production of Space*. Nicholson-Smith (Trans.). Oxford, UK: Brasil Blackwell.

Lemay, R. (2006). Social role valorization insights into the social integration conundrum. *Mental Retardation, 66*(1), 1-12.

Levi-Strauss, C. (1963). *Structural Anthropology*. Trans. C. Jacobson & B. Schopef. New York: Basic Books.

Lewis, V. (1998). The dramaturgy of disability. *Michigan Quarterly Review, 37*(3), 525-540.

Linton, S. (1998). Disability studies/ Not disability studies. *Disability and*

Society, 13(4), 525-540.

Locke, J. (1994). *The Poetics of the Sublime*. London: Penguin.

Luckasson, R., & Reeve, A. (2001). Naming, defining, and classifiying in mental retardation. *Mental Retardation, 39*, 47-52.

Luckasson, R., & Schalock, R. L. (2012). Defining and applying a functionality approach to intellectual disability. *Journal of Intellectual Disability Research*. http://onlinelibrary.wiley.com.

Luckasson, R., & Schalock, R. L. (2013). What's stake in the lives of people with intellectual disability? Part II: Recommendations for naming, defining, diagnosing, classifying, and planning supports. *Intellectual and Developmental Disabilities, 51*, 94-101.

McDonald, M. (1996). Seamus Heaney's cure at troy: Politics and poetry. *Classics Ireland, 3* (pp. 11-26). Dublin: University College.

McLaren, P., & Jaramillo, N. (2007). *Pedagogy and Praxis*. Rotterdam: Sense Publishers.

Michailakis, D. (2003). The systems theory concept of disability: one is not born a disabled person, one is observed to be one. *Disability and Society, 18*(2), 209-229.

Mitchell, D. T., & Snyder, S. L. (1997). Introduction: Disability studies and the double bind of representation. In D. Mitchell & S. Snyder (Eds.), *The Body and Physical Difference: Discourses of Disability* (pp. 1-34). Ann Arbor: University of Michigan Press.

Mitchell, D. T., & Snyder, S. L. (2001). *Narrative Prosthesis: Disability and the Dependencies of Discourse*. Ann Arbor: University of Michigan

Press.

Mithaug, D. E. (2006). On persistent pursuits of self-interest. *Research and Practice for Persons with Severe Disabilities, 30*, 168-172.

Nelson, G. (1966). Harold Pinter goes to the movies. *Chicago Review, 19*, 75-92.

Nietzsche, F. (1872). The Birth of Tragedy. In R. Spiers (Trans. 1999). *The Birth of Tragedy and Other Writings*. Cambridge: Cambridge University Press.

Nightingale, B. (1982). *A Reader's Guide to Fifty Modern British Plays*. London: Heinemann Education Books.

Oliver, M. (1996). *Understanding Disability: From Theory to Practice*. New York: Palgrave.

Omansky, B. (2011). *Borderlands of Blindness. Boulder*, CO: Lynne Rienner.

Osburn, J. (1998). An overview of social role valorization theory. *The International Social Role Valorization Journal, 3*(1), 7-12.

Parsons, T. (1951). *The Social System*. New York: Free Press.

Pinter, H. (1976a). *The Birthday Party*. In Complete works: One. NY: Grove Press.

Pinter, H. (1976b). Writing for the Theatre. In *Complete works: One*. NY: Grove Press.

Pinter, H. (1977). *Complete Works: Two*. NY: Grove Press.

Pinter, H. (1998). *Various Voices: Prose, Poetry, Politics*. New York: Gorve Press.

Pomerance, Bernard. (1979). *The Elephant Man*. New York: Grove.

Powers, L. (2006). Self-determination by individuals with severe disabilities: Limitations or excuses? *Research and Practice for Persons with Severe Disabilities, 30*, 163-167.

Priestley, M. (1998). Constructions and creations: Idealism, materialism and disability theory. *Disability and Society, 13*(1), 75-94.

Quigley, A. E. (1975). *The Pinter Problem*. Princeton: Princeton University Press.

Race, D. G. (1999). Hearts and minds—social role valorization, UK academia and services for people with learning disabilities. *Disability and Society, 14*(4), 519-538.

Race, D., Boxall, K. & Carson, I. (2005). Towards a dialogue for practice: reconciling social role valorization and the social model of disability. *Disability and Society, 20*(5), 507-521.

Ralph, R. O. (2000). Recovery. *Psychiatric Rehabilitation Skills, 4*(3), 480-517.

Rapley, M. (2004). *The Social Construction of Intellectual Disability*. Cambridge: Cambridge University Press.

Relph, E. (1981). *Rational Landscape and Humanistic Geography*. London: Croom Helm.

Richards, S. (2000). Into that rinsing glare?: Field day's Irish tragedies. *Modern Drama, 43*(1), 109-119.

Riley, C. A. (2005). *Disability & the Media: Prescriptions for Change*. London: University Press of New England.

Ritzer, G. (1980). *Sociology: A Multiple Paradigm Science*. Boston: Allyn & Bacon.

Rorty, R. (1979). *Philosophy and the Mirror of Nature*. Princeton: Princeton University Press.

Ryan, R. M. & Deci, E. L. (2000). Self-determination theory and the facilitation of intrinsic motivation, social development, and well-being. *American Psychologist, 55*(1), 68-78.

Ryan, S. (1998). *Nietzsche and Poststructuralism*. University of Georgia Press.

Said, E. (1978). *Orientalism*. Pantheon Books, A Division of Random House, Inc.

Said, E. (1995). Secular interpretation, the geographical element, and the methodology of imperialism. In G. Prakash (Ed.), *After Colonialism: Imperial Histories and Postcolonial Displacements* (pp. 21-39). Princeton: Princeton University Press.

Schalock, R. L., Borthwick-Duffy, S. A., Bradley, V. J., Buntinx, W. H. E., Coulter, D. L., Craig, E. M., Yeager, M. H., et al. (2010). *Intellectual Disability: Definition, Classification, and Systems of Supports*. Washington, DC: American Association on Intellectual and Developmental Disabilities.

Schalock, R. L., & Luckasson, R. (2005). AAMR's definition, classification, and systems of supports, and its relation to international trends and issues in the field of intellectual disabilities. *Journal of Policy and Practices in Intellectual Disabilities, 1*, 86-93.

Schalock, R. L., & Luckasson, R. (2013). What's stake in the lives of people with intellectual disability? Part I: The power of naming, defining, diagnosing, classifying, and planning supports. *Intellectual and Developmental Disabilities, 51*, 86-93.

Schalock, R. L., Luckasson, R., Bradley, V., Buntinx, W., Lachapelle, Y., Shogren, K., et al. (2012). *User's Guide to Accompany the 11th edition of Intellectual Disability: Definition, Classification, and Systems of Supports: Applications for Clinicians, Educators. Organizations Providing supports, Policy Makers, Family Members and Advocates, and Health Care Professionals.* Washington, DC: American Association on Intellectual and Developmental Disabilities.

Schalock, R. L., Luckasson, R., Shogren, K. (with Borthwick-Duffy, S., Bradley, V., Buntinx, W., Yeager, M. H., et al.) (2007). The naming of mental retardation: understanding the change to the term intellectual disability. *Intellectual and Developmental Disabilities, 45,* 116-124.

Schlueter, J. (1979). *Metafictional Characters in Modern Drama.* New York: Columbia University Press.

Shakespeare, T. (1993). Disabled people's self organization: A new social movement? *Disability, Handicap, and Society, 8*(3), 278-296.

Shakespeare, T. (1994). Cultural representation of disabled people: dustbins for disavowel? *Disability and Society, 9*(3), 283-301.

Shogren, K. A., Bradley, V. J., Gomez, S. C., Yaeger, M. H., Schalock R. L., Borthwick-Duffy, S., et al. (2009). Public Policy and the Enhancement of Desired Public Policy Outcomes for Persons with Intellectual Disability. *Intellectual and Developmental Disabilities, 47,* 307-319.

Siebers, T. (2002). Broken beauty: Disability and art vandalism. *Michigan Quarterly Review, 41*(2), 223-245.

Silvers, A. (2000). From the crooked timber of humanity, beautiful things can be made. In Brand, P. (Ed.), *Beauty Matters* (pp. 197-221). Bloomington and Indianapolis: Indiana University Press.

Silverstein, M. (1993). *Harold Pinter and the Language of Cultural Power*. Lewisburg: Bucknell University Press.

Skrtic, T. M. (1991). *Behind Special Education: A Critical Analysis of Professional Culture and Soical Organization*. Denver, Colorado: Love Publishing Company.

Skrtic, T. M. (1995). *Disability and Democracy: Reconstructing [Special] Education for Postmodernity*. NY: Columbia University Press.

Soja, E. W. (1989). *Postmodern Geographies: The Reassertion of Space in Critical Social Theory*. London: Verso.

Spivak, G. (1987). *In other worlds*. London: Methuen.

Spivak, G. C. (1990). *The Post-colonial Critic: Interviews, Strategies, Dialogues*. NY: Routledge.

Stainback, S. & Stainback, W. (1988). *Understanding and Conducting Qualitative Research*. Dubuque, LA: Kendall/Hunt.

Tiffin, C. & Alan L. (1994). Introduction: The textuality of empire. In T. Chris & L. Alan (Eds.), *De-scribing Empire: Post-colonialism and Textuality*. London: Routledge.

Tischler, N. M. (1961). *Tennessee Williams: Rebellious Puritan*. New York: Citadel Press.

Titchkosky, T. (2011). *The Question of Access: Disability, Space, and Meaning*, Toronto, Canada: University of Toronto Press.

Thomas, G. & Loxley, A. (2001). *Deconstructing Special Education and*

Constructing Inclusion. Inclusive Education Series. Open University Press.

Thomas, S. & Wolfensberger, W. (1982). The importance of social imagery in interpreting societally devalued people to the public. *Rehabilitation Literature, 43*(11), 356-358.

Thomas, S. & Wolfensberger, W. (1999). An overview of social role valorization. In R. J. Flynn & R. A. Lemay (Eds.), *A Quarter Century of Normalization and Social Role Valorization: Evolution and impact.* University of Ottawa Press.

Thomas, S. (1999). The impact of normalization-related and/or SRV-related training as a vehicle of personal, service, and policy change. In R. J. Flynn & R. A. Lemay (Eds.), *A Quarter Century of Normalization and Social Role Valorization: Evolution and impact.* University of Ottawa Press.

Thompson, R. (1995). Ann Petry's Mrs. Hedges and the evil, one-eyed girl: A feminist exploration of the physically disabled female subject." *Women's Studies, 24,* 599-614.

Thompson, R. (1997). *Extraordinary bodies: Figuring Physical Disability in American Culture and Lterature.* NY: Columbia University Press.

Thompson, R. (1998). The beauty and the freak. *Michigan Quarterly Review, 37*(3), 459-474.

Tomasulo, D. (2015). The R World: Sticks, stones, and Rosa's Law. in World of Psychology. http://psychcentral.com/archives.

Turnbull, R. (2002). *The Old and New Paradigm of Disability and Families.* The Beach Center: University of Kansas. www.beachcenter.org.

Turnbull, H. R., Turnbull, A. P., Shank, M. & Smith, S.(2004). *Exceptional Lives: Special Education in Today's School*(4th ed.). Upper Saddle River, NJ: Merrill/Prentice Hall.

Turnbull, A. P. & Turnbull, R. (2006). Self-determination: Is a rose by any other name still a rose? *Research and Practice for Persons with Severe Disabilities, 3*(1), 1-6.

Vandler, H. (1998). *Seamus Heaney.* London: Harper Collins.

Walmsley, J. (2001). Normalization, emancipatory research and inclusive research in learning disability. *Disability and Society, 16*(2), 187-205.

Ward, M. (2006). An historical perspective of self-determination in special education: Accomplishments and challenges. *Research and Practice for Persons with Severe Disabilities, 30*, 108-112.

Wehmeyer, M. L. (1992). Self-determination and the education of students with mental retardation. *Education and Training in Mental Retardation and Developmental Disabilities, 21*, 302-314.

Wehmeyer, M. L. (1996). Self-determination as an educational outcome: Why is it important to children, youth and adults with disabilities? In D. J. Sands & M. L. Wehmeyer (Eds.), *Self-determination across Life-Span: Independence and Choice for People with Disabilities* (pp. 15-34). Baltimore, MD: Paul H. Brookes.

Wehmeyer, M. (1998). Self-determination and individuals with significant disabilities: Examining meanings and misinterpretations. *Journal of the Association for Persons with Severe Handicaps, 23*, 5-16.

Wehmeyer, M., Abery, B., Mithaug, D., & Stacliffe, R. (2003). *Theory in self-determination: Foundations for Educational Practice*. Springfield: Charles C. Thomas Publishers.

Wehmeyer, M. (2006). Self-determination and individuals with severe disabilities: Re-examining meanings and misinterpretations. *Research and Practice for Persons with Severe Disabilities, 30*, 113-120.

Wendell, S. (1996). *The rejected body: Feminist Philosophical Reflections on Disability*. New York: Routledge.

Wikipedia. (2006). Social role valorization. The Free Internet Encyclopedia.

Williams, P. (2004). Incorporating social role valorization into other contexts of needs. *International Journal of Disability, Community & Rehabilitation, 3*(1), 1-8.

Williams, T. (1971). *The theatre of Tennessee Williams vol 1: Battle of Angels, The Glass Menagerie, and A Streetcar Named Desire*. New York: A New Direction Book.

Wilson, E. (1941). *The wound and the Bow: Seven Studies of Literature*. Athens: Ohio University Press.

Wolfensberger, W. (1992). *A Brief Introduction to Social Role Valorization as a High-Order Concept for Structuring Human Services*. Syracuse, New York: Syracuse University Press.

Wolfensberger, W. (2002). Social role valorization and, or versus, "empowerment". *Mental Retardation, 40*(3), 252-258.

Wood, T. (2000). Dynamic academic field is a gateway to possibilities. *Quest, 6*, 49-51.

Wittgenstein, L. (1978). *Philosophical Investigations (3rd Ed.)*. G. Anscombe

(Trans.). Oxford: Basil Blackwell & Mott.

Zola, I. (1989). Toward the necessary universalizing of a disability policy. *The Milbank Quarterly, 67,* 401-426.

저자 **전선옥**

문학박사(영어영문학)
교육학박사(특수교육학)
현재 중부대학교 사범학부 학부장
　　　중부대학교 중등특수교육과 교수
　　　중부대학교 교육대학원 주임교수
　　　한국영어교육연구학회 회장
　　　한국 임상동작학회 이사
역임 중부대학교 교육대학원장
　　　중부대학교 인문학부장
　　　미국 University of Florida 교환교수

장애 다시 읽기

장애학과 특수교육학의 만남

초판인쇄　2019년 11월 10일
초판발행　2019년 11월 20일

저　　자　전선옥
발 행 인　윤석현
발 행 처　도서출판 박문사
등록번호　제2009-11호
우편주소　서울시 도봉구 우이천로 353
대표전화　(02) 992-3253
전　　송　(02) 991-1285
전자우편　bakmunsa@daum.net
책임편집　박인려

ⓒ 전선옥, 2019.

ISBN 979-11-89292-50-8 93370　　　　　　　　정가 17,000원